옮긴이 **손화수**

한국외국어대학교에서 영어를, 오스트리아 잘츠부르크 모차르테움 대학에서
피아노를 공부했다. 1998년 노르웨이로 이주한 후 크빈헤라드 코뮤네 예술학
교에서 피아노를 가르쳤으며, 현재는 스타인셰르 코뮤네 예술학교에서 피아
노를 가르치고 있다.

2002년부터 노르웨이 문학을 번역하기 시작했다. 2012년에는 노르웨이 번
역인협회 회원(MNO)이 되었고 2012년과 2014년에 노르웨이문학번역원
(NORLA)에서 수여하는 번역가상을 받았다. 2019년 한·노 수교 60주년을 즈
음하여 노르웨이 왕실에서 수여하는 감사장을 받았고, 2021년에는 스타인셰
르시에서 수여하는 노르웨이 예술인상을 수상했으며, 2021년과 2022년에는
노르웨이 예술위원회에서 수여하는 노르웨이 국가예술인 장학금을 받았다.
옮긴 책으로는 칼 오베 크나우스고르의 『나의 투쟁』 시리즈와 『가부장제 깨
부수기』 『벌들의 역사』 『이케아 사장을 납치한 하롤드 영감』 『유년의 섬』
『잉그리 빈테르의 아주 멋진 불행』 『자연을 거슬러』 『초록을 품은 환경 교
과서』 『나는 거부한다』 『사자를 닮은 소녀』 등 약 90여 권이 있다. 철 따라
찾아오는 노르웨이의 백야와 극야를 벗 삼아 책을 읽고 번역을 하고 있다.

추천·해제 **김원영**

대학에서 사회학과 법학을 공부했고, 로스쿨 졸업 후 국가인권위원회에서
일했다. 지금은 작가이자 배우, 변호사로 활동하고 있다. 지은 책으로 『실격
당한 자들을 위한 변론』 『희망 대신 욕망』이 있으며, 공저로는 『오늘의 SF
#1』 『사이보그가 되다』 등이 있다.

우리의 사이와 차이

This translation has been published with the financial support of NORLA.
이 책은 노르웨이문학번역원 NORLA의 번역 지원금을 받아 출간되었습니다.

얀 그루에

손화수 옮김, 김원영 추천·해제

우리의사이와차이

Jeg lever et liv som ligner deres

arte

감사의 말

이 책은 처음부터 끝까지 수많은 이들의 직간접적인 도움을 바탕으로 기록된 책입니다. 모두에게 하나하나 감사의 말을 전합니다. 이다 약손(Ida Jackson), 라르스 그루에(Lars Grue), 프리데 에그-헨릭센(Fride Eeg-Henriksen), 크리스틴 그루에(Kristin Grue), 비베케 에그-헨릭센(Vibeke Eeg-Henriksen), 아르비드 헤이베르그(Arvid Heiberg), 사라 리 스텐스루드(Sara Li Stensrud), 요한네 프론트-뉘그렌(Johanne Fronth-Nygren), 마리 볼드 산네루드(Mari Wold Sannerud), 할보르 하니슈(Halvor Hanisch), 모르텐 모이(Morten Moi), 하랄 오프스타드 포웅네르(Harald Ofstad Fougner), 카리 마르스테인(Kari Marstein), 에스펜 달(Espen Dahl).

나의 부모님과 여동생에게,
그리고 이다에게 이 책을 바칩니다.

추천·해제

현재와 과거 사이, 나와 너의 차이

굴복과 극복이 아닌 다른 선택지

김원영

저자 얀 그루에는 세 살 때 척수근육위축증이라는 난치성 유전질환을 진단받았다. 이 병은 진행성 질환이고 그 표준적인 임상 사례에 비춰 보면, 얀은 스무 살이 넘으면 걷지 못하고 서른 살이 넘으면, 어쩌면 세상에 존재하지 않을지도 몰랐다. 하지만 스무 살이 넘은 얀은 휠체어를 타거나 주변 사물에 기대어 (여전히) 걸었고, 성인이 되어서도 공부를 계속했고, 여행을 다녔고, 서른 살이 넘어서는 교수라는 직업을 얻고 사랑하는 사람을 만나 한 아이의 아빠가 되었다. 얀이 이렇게 살아남아 직업과 가족을 가지고 일상을 꾸려 간다는 사실에 어린 시절 얀을 기억하는 사람들은 놀라움을 표시하고는 한다. 이렇듯 얀 그루에는 미래를 약속할 수 없는 시간을 통과한 사람으로서, 이 책을 "한 인간으로 거듭난" 이야기로서 쓰고자 한다.

그런데 얀은 동시에 "항상 한 인간으로 살아왔다"고도 말한다. 그의 어린 시절은 부모님과 동생이 함께한 친밀하고 유대감 가득한 시간이었고, 장애인 시설에 가지 않은 채 유치원과 일반학교에서 교육을 받았다. 성인이 될 때까지 장애로 인해 겪은 수많은 분투에도 불구하고, 그는 언제나 스스로가 인간이었다고 말할 수도 있는 셈이다. 그러니까 이 책은 태초부터 인간이었던 존재가 인간으로 거듭난 이야기를 쓰려는 시도인데, 언뜻 보면 앞뒤가 맞지 않는 것 같다.

얀은 독자에게 고대 그리스어에서 구별하는 두 종류의 시간에 관해 언급한다. 우주의 질서를 의미하는 크로노스와 우리의 경험적 일상이 전개되는 현재의 순간, 카이로스다. 우리가 살아 낸 과거는 이미 크로노스의 영역에 놓인다. 그곳은 우주의 시간이며, 우리는 결코 저 아득한 우주의 어느 시간대로 돌아갈 수 없다. 얀이 이 책을 쓰며 회상하는 과거의 얀, "항상 한 인간"이었던 저 어린아이는 더 이상 만날 수 없는 우주 너머의 존재일 뿐이다. 그 아이는 현재의 얀이, 아침마다 출근 준비를 하려면 남보다 훨씬 오랜 시간이 걸리고, 모든 세부 사항을 기억해 대비해도 공항에서 휠체어가 사라지고, 계단 앞에서 도움을 청하려 지나가는 사람들을 무작정 기다리는, 아이가 태어나는 순간에도 아내와 함께 차를 타고 병원으로 이동하지 못하는, 이 번거롭고 불편하고 느린 '카이로스적' 시간 속 얀 그루에가 재구성한 존재인 것이다. 앞뒤가 맞지 않아 보이는 이 책의 목표를 이해할 실마리는 여기에 있다. 얀 그루에는 "항상 한 인간"이었던 과거를 "한 인간으로 거듭난" 지금에서야 쓸 수 있었다.

진정으로 과거를 새롭게 쓰기 위해서는 과거를 박제한 듯한 '객관적인' 기록들과도 대면해야 했다. 그의 삶은 자신도 모르는 사이 두꺼운 서류철 안에 임상적이고 관료적인 언어로 세세히 기록되어 있었다. 얀의 부모님은 그간 간직하고 있던 서류철을 얀의 집무실로 가져다주었고, 그곳에는 부모님이 각종 기관과 개인에게 무엇인가를 요청한 편지들이, 어린 시절 얀을 진단했던 의료진의 관찰 진술이, 그를 돕는 지원 기관(사회복지서비스 등을 제공하는 기관) 소속 관료들의 평가를 기록한 문서가 가득했다. 그들은 모두 얀을 돕고, 얀의 삶에 대한 책임을 나누는 선량한 목표를 가진 사람들이었겠지만 그러한 임상적 시선은 어린아이의 삶을 훈육하고 통제하는 관료적 힘 자체이기도 했다. "시간의 경계 너머에서 한 뭉치 외과용 집게로 고정"된 또 다른 현실이 그 문서들 속에 있었다.

얀은 어린아이에서 소년으로, 성인으로 성장하면서 자신이 "아무도 알고 싶어 하지 않는 하나의 신체에 불과하다는 느낌"에 시달릴 수밖에 없었다. 가족의 지지와 일반학교에서의 교육과정을 무사히 이수하며 세상을 향하던 얀과, 부모님의 분투 가운데서 서류 더미 안에 기록, 관찰, 평가되었던 얀의 몸 모두가 삶의 진실이었다. 이 두 진실이 얀을 두 세계와 연결시킨다. 하나는 세상을 온몸으로 경험하기 위해, 영원한 삶을 포기하고 지상으로 내려와 마침내 아름다운 사랑에 빠지는 천사의 세계이고, 다른 하나는 장애인 시설에서 고립된 채 살다가 '섹스 대리인'을 통해 타자의 신체와 만나는, 미국의 중증 소아마비 장애인 마크 오브라이언이 속한 세계다.

빔 벤데르스 감독의 1993년 영화 〈베를린 천사의 시〉는 베를린의 풍경 곳곳을 흑백으로 보여 준다. 인간과 같은 모습을 한 천사들이 베를린 시내를 거니는데, 그들의 모습은 투명해서 베를린 시민들에게 보이지 않지만(어린아이들은 종종 천사를 본다) 천사는 시민들의 마음속 목소리까지 듣는다. 그들은 지하철, 도서관, 서커스장, 길거리를 다니며 각자의 고뇌로 시름에 잠긴 시민들을 관찰하고, 기억할 만한 일상의 장면이 나타나면 기록한다. 때로 인생이 파국을 맞은 듯 혼자 괴로워하는 사람의 어깨에 가만히 손을 얹고 곁에 있어 준다. 천사들은 인류가 베를린에 살기도 전부터 그 장소에 존재했지만, 어떤 천사들은 바로 지금의 세계를 더 생생하게 감각하기를 원한다. 사과를 베어 물고, 커피와 시가를 한 모금 삼키는 삶. 타인의 손을 잡는 삶이 궁금하다. 배우 브루노 간츠가 연기한 천사 다니엘은 결국 영원하되 관조하는 삶, 즉 '크로노스'의 시간을 버리고 온몸으로 삶을 겪는 '카이로스'의 시간을 선택한다. 영화는 다니엘이 지상을 겪으러 세상으로 내려온 때부터 흑백의 베를린을 유채색으로 보여 준다. 다니엘은 이제 커피를 맛보고, 추위를 느끼고, 사랑하는 사람을 만진다. 머리를 부딪치자 검붉은 피가 흐른다. 그는 어느 시점이 되면 죽음을 맞이할 것이다. 즉 다니엘은 인간이 되었다.

얀이 영화에 빠졌던 스무 살 무렵 만난 〈베를린 천사의 시〉는 "한 인간으로 거듭나"는 일이 무엇인지에 관해 설명하는 얀의 한쪽 어깨에 내려앉은 세계였다. 그러나 유채색의 다니엘이 내려앉은 어깨 반대편으로, 얀은 자신이 가진 또 하나의 그림자 마크 오브라이언을 본다. 오브라이언은 소아마비 후유증으로 평생을 거대한 인공 철제 폐 안에서 살았던 미국의 시인이었다. 오브라이언 역시 자신의 몸이 그저 의료적 시선과 임상 분석의 대상임을 알았고, 그는 그 흑백의 세계 밖으로 나가려 고투

했다. 그러한 싸움 가운데에는 마크 오브라이언의 빛나는 시들이 있지만, 다른 종류의 과감한 도전은 영화 〈더 세션〉으로 만들어졌다. 이 영화는 오브라이언이 섹스 대리인(Sex surrogate)을 통해 처음으로 성 경험을 하는 장면을 담고 있다. 그는 흑백의 임상적 신체를 탈출해 유채색의 에로스적 신체로의 변태를 시도했고, 친절하고 섬세한 '대리인'은 그에게 인간의 몸을 만지고 인간에 의해 몸이 만져지는 기회를 제공한다.

얀은 이 이야기에서, 텅 비어 있는 친밀성을 본다. 그곳에서는 섹스마저 임상적인 무엇으로 변해 있는 것이다. 하지만 오브라이언의 이야기가 얀과 분리될 수 있을까? 얀은 오브라이언보다 늦게 태어났고(얀이 태어났을 때 소아마비 백신은 세계적으로 보편화되었으며, 일정 수준으로 산업화된 나라에서 소아마비라는 질병은 더 이상 존재하지 않았다), 그와는 달리 자신의 몸을 스스로 움직일 수 있었고, 장애인 시설에서 평생을 보낸 오브라이언과 달리 학자인 두 부모가 꾸린 안정된 가정이 있었다. 얀은 가족의 지원 속에서 일반적인 교육을 받으며 성장했고 고등교육을 이수했으며 (장애가 없는) 아내를 만나 자신의 장애를 물려받지 않은 것으로 보이는 아기를 낳았다. 그러나 그는, 오브라이언과 비슷한 몸이 될 수도 있었다. 얀에게 선언된 임상적 예언은 얀의 성년 시절이 오브라이언과 크게 다르지는 않을 것임을 암시했다. 얀과 유사하지만 조금 다른 조건에 놓였거나 놓인 많은 장애인은, 오브라이언의 방식이 아니라면 그 흑백의 세계에 작은 물감이라도 떨어뜨릴 방도가 없을지도 모른다. 얀은 다니엘처럼 지상으로 '내려온' 존재라기보다, 오브라이언처럼 인간세계로 '상승한'(상승하려 한) 존재에 더 가깝지 않은가?

"나의 미래를 예견하는 비관적이고 암울한 기록들을 읽을 때면, 내 삶은 생존에 관한 역사이며 나는 불행에서 구제된 존재라는 것을 깨닫게 된다. 동시에 나는 나를 닮은 사람들, 나를 닮았던 사람들, 그리고 불행에서 구제되지 못했던 사람들을 떠올린다."(223쪽)

*

어린 시절은 시간이 거의 흐르지 않는다. 장애를 가진 10대 아동이던 시절 나는 친구들이 학교에 가고 부모님은 일터에 나간 후의 낮 시간을 혼자 보냈다. 그 시간은 영원처럼 길어서 몸부림을 쳐도 화면이 정지된 TV 스크린 같은 창밖을 내다보는 것밖에는 할 수 있는 게 없었다. 세상 사람들의 삶을 온종일 관조하면서도 정작 나는 세계 속에 존재하지 않는 삶이 그 시절 전개되었다. 얀 그루에는 나와 지구 반대편에서 비슷한 시기에 태어나 자랐다(얀은 1981년생이고 나는 1982년생이다). "서늘하다 싶은 방 안에서 속옷 차림으로 서" 있으면 의사들이 몸의 구석구석을 관찰하고 만져 보며 무엇인가를 측정하고 기록하는 일들이 중간중간 끼어들었던 시간도 유사했다.

우리는 베를린의 천사들처럼 각자의 세계 속에서 영원불멸할 것 같은 어린 시절을 보낸 흑백의 존재들이었다. 우리는 당시의 세계에서 사람들 사이에 보이지 않는 투명한 존재였지만 임상적 시선만은 언제나 우리를 끊임없이 관찰하며 평가하고 기록했다. 물론 그 시선이 묘사한 현실이 우리의 '카이로스적' 현실과 늘 일치하지는 않았다. 우리는 휠체어를 몸의 일부로, 진지하게 때로는 신나게 받아들이다가[얀도 나도, "휠체어를 처음 사용한 날부터 나 자신이 흔히 사이보그라고 불리는 사이버네틱스 유기체라는 생각을 했"다(63쪽)], 수치심과 분노로 점철된 좌절을 맛보기도 하고, 어떤 아이들의 친절함에 기분이 들떴다가, 우리와 닮은 '장애아'들의 모습을 보고 그 나약함을 경멸하기도 했다.

그러는 동안 우리는 언젠가 땅으로 내려가 커피와 시가와 사랑을 만날 것이라는 기대에서 조금씩 멀어졌고, 어떤 종류의 '대리인들'을 통해서라도 세상을 간접적으로 맛보기 기대하는 사람들의 한 부류에 속할지도 모른다는 사실을 깨달아 갔다. 우리는 임상적 진술들의 예측 안에 우리의 삶을 한정해야 했다. 얀은 스무 살이 되면 걸을 수 없다고 하는 한계 안에서, 나는 '골절의 위험이 높고' '청년기에는 청력손실이 오는 경우가 있고' '키가 자라지 않고' 등등의 한계 안에서 삶을 이해했다. 그러나 영원해 보이던 어린 시절이 지나 버린 후에, 모든 것이 불확실하고 무엇도 기대하기 어렵던 시간이 흐른 후에, 우리는 어느 순간 커피를 맛보고 사랑을 느끼고 머리에서 피도 흘리는 세계 속에서 살아가는 성인이 되어 있었다. 물론 나는 얀이 회의적으로 묘사하는 그 '지원 기관'조차 없는 나라에서 성장했으므로 유치원은커녕 초등학교도 다니지 못했다가 뒤늦게 특수학교에 갔다. 거기서 마크 오브라이언처럼 시적인 재능으로 빛나지만, 마크 오브라이언처럼 철제 통 속에 갇힌 뇌로만 존재할 수밖에 없는 중증장애인 친구들을 여럿 만날 수 있었다. 덕분에 나는 진작 내가 인간이 되려면 땅 위로 올라가기 위해 분투해야 함을 깨달았다. 이 점에서 얀 그루에와 나 사이에는 차이가 있다.

나와 얀의 아마도 더 중요한 차이를 말한다면, 과거를 마주하는 방식일 것이다. 나는 지금에 나를 고정하고 시점을 뒤로 돌려 내가 통과한 과거를 본다. 어떻게 장애인인 나는 지금까지 살아남아 이렇게 존재하는 걸까? 이것은 묘한 쾌감을 주기도 하고, 아쉬움과 억울한 마음도 불러일으킨다. 반면, 『우리의 사이와 차이』에서 얀은 현재들의 틈새에서(현재를 서술하는 문단들의 사이에서) 과거를 불러와 병치시킨다. 그는 "과거에 이미 이렇게 될 것이라 스스로 인지했다고 믿는 것을 좋아한다. 이것은 재구성이다. 물론 삶은 얼마든지 달라질 수도 있었"(147쪽)음을 알고서 현재와 과거를 엮어 낸다. 그의 글 전반에는 사랑하는 아내 이다와 아들 알렉산데르의 현재가 등장하는데, 이는 힘겨운 과거를 통과한 끝에 소위 정상 가족을 이루고 훌륭한 직업을 얻은 한 인간의 의기양양한 회고와는 거리가 멀다.

이상한 말처럼 들리지만, 우리가 기억하는 과거의 어떤 시간들, 특히 당시에 우리를 완전히 굴복시키기 직전까지 갔던 어떤 순간들을 완전히 지나기 위해서는, 그 순간을 지난 후에야 얻게 된 역량이 필요하다. 얀은 스무 살 이후에 걸을 수 없고, 점점 근육이 소실되어서 마침내 죽음에 이를 수도 있다는 한계 속에서 살았다. 그리고 바로 그 한계 속에서 살며 그가 배운 것들 덕분에, 비로소 그는 그 한계를 통과할 수 있는 인간이 되었다. 너무 늦은 것이 아닐까? 스무 살이라는 한계 안에서 살 때,

즉 열여덟이나 열아홉 살 즈음에 그 힘이 필요했던 것이 아닐까? 방법이 있다. 그 한계를 통과하며 얻은 우리의 역량으로 바로 지금 그 한계 가득한 '과거'를 진정으로 통과하는 것이다. 얀은 그렇게 서른여섯 살의 시점에서 스무 살이었던 '과거'를 통과한다.

이때의 '역량'이란 역경을 넘어서는 강력한 정신적 근육과 그에 대한 자신만만한 태도가 아님은 물론이다. "나를 죽이지 못하는 고통은 나를 더 강하게 만든다"라는 말은 틀렸다. "나를 죽이지 못하는 고통은 나를 더 겸손하게 만들고 나의 약점을 더욱 절실히 깨달을 수 있게" 만들 뿐이다.(179-180쪽) 얀은 자신의 휠체어를, 약한 근육이 감싼 발목의 존재를 끌어안는다. 그렇기에 이 책에서 얀이 "나는 스무 살이 되었고, 여전히 걸을 수 있었다. 한계는 스물다섯 살로 확장되었다" "나는 서른 살을 넘겼다. 짐을 내려놓은 듯 마음이 가벼워졌다. 이제 한계 너머의 지평선이 눈에 보이는 것도 같다는 생각을 해 본다"(172쪽)라고 털어놓을 때, 이는 어려운 고난을 통과하고 이제야 성공과 평온을 쟁취한 사람의 자신만만한 회상일 수 없다. 그런 의미라면 이 책은 사회보장제도가 잘 갖춰진 선진국 출신의 유럽 백인 남성이 장애를 극복하고 돌아보는 (가치는 있지만) 흔한 이야기에 불과할 것이다. 이 책은 스무 살이 되고 서른 살을 넘기며 배우고 길렀던 그 힘으로, '스무 살이 되고, 서른 살을 넘기던' 그 과거의 순간을 비로소 지금 자신의 몸으로 온전히 통과하는 카이로스적 현재를 담고 있다.

*

"나는 후속 조치가 필요한 하나의 의학적 사례로 살아가고 싶진 않다."(204쪽)

북유럽 복지국가에 대해 우리나라 사람들의 관심은 높은 편이다. 이 나라들이 대담하고 절묘하게 이룬 사회적 합의를 통해서 장애인을 비롯해 공동체의 지원이 필요한 사람들을 우리보다 훨씬 잘 책임진다고 믿어서다. 물론 이 말은 사실이다. 한국에서 1981년 출생한 얀 그루에라면 학위를 받고 대학에서 학생들을 가르치며 연구를 하고, 아이를 양육하는 삶을 살지는 못했을 것이다. 그러나 이 책은 '지원 기관'으로 대표되는 임상적, 관료적 시선이 개개인의 구체적인 몸을 이해하고 돕기보다는, 일반화된 질병에 대한 '임상적 사례'로 개인을 분류하고, 당사자보다 마치 그 개인을 더 많이 안다는 듯이 신체와 삶에 어떻게 개입하는지에 관해서도 비판적으로 다루고 있다. 지원 기관 앞에서의 얀은 "정기적으로 고장 나는 기계에 불과할 뿐이다."(81쪽)

우리가 '한 인간으로' 살기 위해서는 친밀함과 취약함, 은밀한 사적 세계를 작은 조각만큼이라도 품고 있어야 한다. 그렇다면 우리 개개인이 어떤 사정과 한계와 어려움에 직면해 있든 간에 단지 '기계'나 '사례'로 환원될 수 없을 것이다. 우리는 결코 모조리 분석되고 파헤쳐질 수 없으니까. 만약 어떤 촘촘하고 선량하고 관료적인 목적의 시선이 우리를 분류하고 분석하고 특정한 표본으로 만들었고, 어떤 종류의 세계도 우리 안에 은밀히 남지 않았다면 우리는 결코 '한 인간'이 아닐 것이다. 우리는 이러한 시스템 덕분에 치명적인 재난이나 극도의 빈곤에 빠져 사회로부터 완전히 버림받지는 않으리라는 점에서 '인간적인' 대우를 받겠지만, '한 인간'은 여전히 아닐 것이다.

이 책에서 얀 그루에의 투쟁은 바로 표본이 되지 않는 것, 과거에 자신을 규정했던 임상적 사례로만 남지 않는 것이다. 하지만 이러한 투쟁은 단지 복지국가의 한계를 드러내거나 임상적 시선의 비인간적 면모에 맞서는 데 그치지 않는다. "우리는 표본 집단에 속하지 않는다. 우리는 길의 가장자리에 서 있다. 우리는 각각 다른 삶의 방식을 하나하나 직접 시험해 보아야 하며, 어떠한 보장도 없이 수많은 실패를 경험할 것이라는 것도 잘 알고"(206쪽) 있으면서 가장자리로 나아가야 한다. 표본이 되기를 거부하고 예외적 존재가 되는 그 경계면으로, 가장자리로 한 발을 내딛는 용기는 우리 시대 모두가 직면한 과제다. 물론 그 경계의 끝에서 한 발을 더 나아가는 일에는 많은 고난이 따를 것이다. 얀이 모든 가장자리에서 성공했던 것도 아니다(그는 상트페테르부르크에서, 말하자면 '서구'의 가장자리에서 처절하게 실패하고 만다). 그러나 실패를 해야만 그 실패의 순간을 지나갈 힘을, 그 과거를 다시 통과할 몸을 우리가 가지게 된다는 점을 다시 유의하자.

얀을 한때 규정했던 척수근육위축증이든 얀보다 1년 뒤에 나를 규정했던 골형성부전증(뼈가 쉽게 부러지는 유전성 질환)이든, 그 밖에 어떤 이름으로 우리를 규정하고 명명하는 범주이든 간에 각 범주의 '표본'은 두 가지 길을 간다. 범주적 한계 앞에 온전히 굴복하거나 한계를 극복한 예외 사례가 되거나. 굴복과 극복은 표면상 상반되어 보이지만 모두 임상적 시선에, 다수의 기대에, 권력의 통제 안에서 언제나 예정된 길이라는 점에서는 동일하다. 그렇기에 우리 존재와 삶이 특정한 기준에 의해 분류된 '표본'에 그치지 않는 길은 굴복과 극복이 아닌 다른 선택지에 있을 텐데, 이 책의 독자라면 그 길을 조금은 짐작할 수 있을 것이다. 한계 지어진 과거와 그 한계를 지나온 현재 사이를 가로지르며, 현재의 힘으로 과거를 다시 쓰기. 과거에 내 몸에 새겨진 흔적을 발굴하고, 인정하며, 현재를 끌어안기. 그렇게 애초에 나를 규정했던 범주를 '존재하지 않게' 만들기. 실제로 얀은 척수성근육위축증이 아니었던 것 같다는 연락을 받지만 이미 그것은 중요하지 않다. 그는 특정 질환인지 아닌지 여부에 따라 과거–현재–미래를 규정당하는 존재가 아니기 때문이다. 우리는 룰루 밀러가 쓴 유명한 책 『물고기는 존재하지 않는다』의 주제와 제목을 빌려 올 수 있다. "척수성근육위축증은 존재하지 않는다." 더 이상 그 질병은, 그 질병이 특정하게 규정하는 삶은 존재하지 않으므로 그는 부당하게 정의된 자신의 몸을, 이를테면 자신의 발목을, 다른 방식으로 분류되고 규정된 삶을 사는 더 열악한 존재들, 예를 들면 마크 오브라이언의 삶을 자신의 일부로 통합할 수 있다.

나는 얀 그루에의 말을 따옴표 없이 직접인용을 해도 하나도 이상하지 않다는 사실을 발견했다(의기양양해지지는 않았다). 아래의 문장은 얀 그루에와 나 사이에 얼마나 큰 공통점이 있는지를 보여 준다. 동시에 우리가 서로에게 결코 표본이 될 수 없는 거대한 차이가 있음을 말해 준다.

내겐 수많은 흉터와 상처가 있다. 나의 발목은 이전과

같지 않다. 현재 나의 왼발 상태는 오른발보다 훨씬 좋다. 매년 돌아오는 겨울은 해를 거듭할수록 더 무거워진다. 경험은 내 안에서 자리를 잡고, 퇴적물은 바닥으로 가라앉는다. 나는 이제 더 이상 투명하지 않다. 나는 견고한 실체다.(225쪽)

차례

일러두기

- 책명(단행본, 장편소설)은 겹낫표(『 』), 단편소설, 시는 홑낫표(「 」), 잡지, 신문, 앨범은 겹화살괄호(《 》), 영화, 음악, 드라마는 홑화살괄호(〈 〉)로 묶었다.
- 원문에서 이탤릭으로 강조한 부분은 방점으로, 인용문의 출처는 원문의 체제와 동일하게 방주로 표기했다.
- 본문의 각주는 옮긴이가 작성했다.

1

그들은 내가 아직도 살아 있음에 놀란다

어렸을 때 알고 지냈던 사람들과 뜻밖에도 종종 마주치곤 한다. 그들은 성인이 된 내 모습을 전혀 기대하지 않았던 것 같다. 열이면 열, 이 세상에 아직도 살아 있는 나를 보고 무척 놀란다. 하지만 세상의 예의범절에 익숙해 있는 그들은 놀라움을 숨기려 애쓴다. 덕분에 그들은 머릿속에 가장 먼저 스치는 '네가 아직도 살아 있었니?'라는 생각을 입 밖으로 소리 내어 말하는 대신, 잠깐의 피할 수 없는 침묵으로 대화를 시작한다.

그들을 놀라게 한, 그때의 나는 어떠했는가. 중학교 시절, 나는 철학 선생님이 해 준 이야기에 흥미를 느꼈다. 선생님은 남편이 세상을 떠났을 때 긴 머리를 짧게 자른 후 욕조 속으로 깊숙이 몸을 담갔다. 그 순간, 순결해지는 것을 느꼈다. 선생님은 그 행위를 일종의 정화 의식으로 해석했다. 각종 의식과 의례에 관심이 많던 선생님의 수업 시간은 자주 진지하고 엄숙한 분위기를 연출했다. 당시 너무나 진지하고 심각했던 열네 살 소년이었던 나는 그런 선생님의 수업을 깊이 음미했다. 나는 더 많은 것들을 배우고 싶었다. 내가 그토록 배움에 열망했던 것은 내게 남은 시간이 많지 않다는 생각 때문이었다.

철학 선생님은 내게 '리미널 페이즈(Liminal phase)'라는 단어를 가르쳐 주었다. 그것은 서로 다른 두 세계 사이의 지점으로, 통과의례 중 가장 상처받기 쉽고 취약한 부분을 의미한다. 그것은 어른도 어린이도 아닌 시점에 이른 청소년, 아직 이 세상을 완전히 떠나지 못한 망자가 속한 세계다. 이 세계에서는 자칫 잘못하면 모든 것이 어긋날 수도 있다. 하지만, 이 세계에서는 진정으로 중요한 변화가 일어난다. 우리는 이 변화를 거쳐야 진정한 자아를 형성할 수 있다. 이 단계가 존재하지 않는다면 세상은 제자리걸음을 하게 될 것이다.

나는 중학교를 졸업하고 고등학교를 거쳐 대학교에 입학했다. 그러던 어느 날, 옛 철학 선생님과 한 컨퍼런스에서 마주쳤다. 선생님은 뒤늦게 공부를 다시 시작해 고대 북유럽 신화와 요툰, 그리고 인간의 어둡고 흉악한 그림자에 관해 석사 논문을 썼다고 했다. 나는 당시 언어학 박사과정에 있으면서 특히 수사학에 집중해 공부하던 중이었다. 현실이 언어를 통해 어떻게 변하는가를 살펴보는 데 관심이 있었다. 선생님은 인간의 심리에 관한 역사, 우리가 더는 끌어안을 수 없는 인간의 사고방식에 관해 글을 쓰기도 했다. 그날, 선생님과 나의 세계는 어떤 면에서 다시 하나로 합쳐졌다고도 볼 수 있다.

옛 스승은 내가 박사학위를 준비 중이라는 사실에 전혀 놀라지 않았다. 내가 다닌 중학교는 대학 도서관과 걸어서 10분 거리에 있었다. 나는 그곳에서 어머니의 도서 대출 카드를 이용해 시베리아 원주민의 샤머니즘에 관한 책을 빌려 읽었다. 덕분에 나는 대학의 학문적 분위기에 매우 익숙해 있었다. 또한 그것은 내게 깊은 인상을 남겼다. 나만의 특별한 미래는 이미 그때 형성되었던 것 같다. 마치 책의 줄거리가 첫 문장에 의해 좌우되는 것처럼.

선생님은 내가 건강해 보였기에 매우 놀랐다고 말했다. 그것은 나의 언어가 아니라, 나의 신체와 관련된 또 다른 미래의 이야기를 의미했다.

어떤 표현은 나를 불안하게 만든다. 좋아 보인다는 말. 건강해 보인다는 말. 내가 그렇지 않다는 말인가? 나는 옷을 정갈하게 입는 편이다. 나만의 스타일을 형성하기까지 꽤 오랜 시간과 노력을 기울였다. 나는 열여덟 살 때 재봉사가 만든 수제 코트를 입었다. 소맷단에 단추가 달려 있는 재킷과 목깃이 자연스럽게 접히는 옥스퍼드 셔츠를 선호한다.

하지만, 선생님이 의미했던 바는 이런 것들이 아니리라.

*

선생님의 말이 함축한 의미는 그날 저녁 늦게야 수면 위로 떠올랐다. 내가 아직도 살아 있다는 사실에 관한 놀라움. 나와 함께 같은 고등학교에 다녔던 어느 작가와의 만남도 다르지 않았다. 고등학교 졸업 후 20여 년이 지난 어느 날, 우리는 브리스톨호텔의 한 홀에 마주 섰다. 친구의 눈빛은 부드러웠지만, 목소리에는 주저함과 어둠이 담겨 있었다. 친구는 학창 시절에 모두가 내가 오래 살지 못하리라는 것을 알고 있었다고 말했다.

모두가 알고 있었다고? 나는 전혀 몰랐던 일이었다. 나는 그런 말을 한 적도 없다. 그렇다면 그 근거는 무엇이었을까? 나는 그 질문의 대답을 알지 못한다. 그것은 그저 아무도 모르는 사이에 그들의 의식 속에 자리를 잡았던 개념이었던 것이다. 그것은 형체 없는 것이 만들어 낸 그림자였다. 그 개념 속에서 유일하게 형체를 지닌 것은 나의 신체뿐이었다. 나는 당시 휠체어를 타고 다녔으나, 운동장에서는 목발을 짚고 다니기도 했다. 쉬는 시간이 되면 다른 아이들과 함께 무리를 지어 서서 대화를 나누기도 했다. 우리는 선생님들에 관한 이야기를 했고, 제임스 조이스의 소설 『율리시스』에 관해 의견을 나누었다. 내가 다닌 학교는 그런 학교였고, 나는 그 학교 학생들 중 하나라고 생각했다. 내게 특별한 비극적 오라가 드리워져 있다고는 생각지도 않았다.

나는 이미 알고 있었다. 단지 나의 언어로 그것을 표현할 수 없었을 뿐이다. 이제 나는 그것을 언어로 표현하기 위해 시도해 보려 한다.

나는 일반 사람들과 다르지 않은 시간을 보냈다. 나는 어렸을 때 살았던 그 도시에 지금도 살고 있다. 나는 현재 학자이며, 학자였던 부모님 밑에서 자랐다. 나의 삶은 당신들의 삶과 다르지 않다. 나는 이다라는 여성과 결혼해 자식을 낳았다. 이다는 글을 쓰는 작가이다. 나의 아들은 어머니에게서 물려받은 내 눈을 다시 그대로 물려받았다. 아들의 얼굴에서는 아버지의 어렸을 때 얼굴을 엿볼 수 있다. 이들은 내 삶을 지탱해 주는 '실'과 같다. 마치 직물의 씨실과 날실처럼.

어린 시절에 알고 지냈던 사람들과 마주칠 때면, 이 촘

촘촘하게 엮인 직물에 균열이 생긴다. 기억은 삐걱거리기 시작한다. 불투명하지만 익숙한 이미지, 성인이 될 때까지 나를 따라다녔던 또 다른 미래에 관한 상상의 이미지들, 내가 사는 삶은 잠시 현실에서는 일어나지 않은 일들로 대치된다. 그것은 유령처럼 스쳐 지나간다.

나를 알아보는 사람들은 으레 예의를 갖춘 듯한 인사치레를 늘어놓는다. "참 좋아 보이네요." 여기서 '참'이라는 단어는 예의상에 지나지 않은 말에 정점을 찍는다. 즉, 일어나지 않았던 일, 일어날 수도 있었던 일까지 모두 포함하는 말이라는 것이다.

"건강이 훨씬 좋아졌나 봐?"

나는 예전이나 지금이나 다르지 않다고 잘라 말한다. 여전히 휠체어를 사용하며, 가끔 두 발로 걸을 때도 있다고. 건강은 더 나빠지지도, 더 좋아지지도 않았다고.

"하지만 예전보다 훨씬 좋아 보이는걸?"

기억은 우리에게 속임수를 쓴다. 우리의 예상이나 기대가 더해질 때 훨씬 더 그러하다. 과거는 그때 일어난 일이 아니다. 일어나지 않은 일들로 채워진 과거. 우리는 바로 그 과거를 주제로 대화를 나눈다.

"벌써 세상을 떠난 줄 알았어."

나는 사람들의 예상과 기대를 훨씬 뛰어넘는 삶을 살았던 것이다. 그간 내 편이 되어 주었던 존재는 누가 뭐라 하든 묵묵하고 온전하게 자신만의 삶을 살아왔던 나의 신체뿐이었다. 나의 신체는 내가 어떤 병을 타고났는지, 어떤 진단을 받았는지 모른다. 오히려 그것이 좋은 일이다.

영화 〈스타워즈〉의 한 솔로(Han Solo)는 "내게 확률에 대해 말하지 말라"라고 했다. 이것은 어른이 된 나의 모습이다. 이것은 아버지가 된 나의 모습이다. 이것은 나의 아들이다. 아들의 눈은 내 눈을 닮았지만, 나의 병을 물려받진 않았다. 아들은 여러 면에서, 내게 일어나지 않았던 일의 결과로 생긴 존재이기도 하다.

*

미지의 세상 속으로. 우리는 어디로 가고 있는지 모른다.

우리는 구멍 뚫린 배를 타고 항해 중이다. 우리가 죽어가는 동물이라는 것도 모른 채.

비잔틴을 꿈꾸는 우리는 차오르는 물을 힘껏 퍼내며 함께 항해하고 있다.

우리는 아르고 배의 선원들, 우주비행사들, 모험가들, 탐험가들이다. 우리는 함께 여행 중이다.

*

고등학교 졸업식이 다가올 무렵, 이십 대 초반이었던 나는 영화에 푹 빠져 살았다.

나는 계절을 가리지 않고 드론닝엔스 거리에 자리한 영화관에 드나들었다. 그곳에서는 한 달에 한 번 일요일 저녁이 되면 서프라이즈 행사를 했다. 그날은 불이 꺼지기 전까지 어떤 영화가 상영될지 아무도 알 수 없었다.

나는 친구들과 함께 영화관 앞에 줄을 섰다. 공익 영화를 상영하는 오전 시간이면 텅 빈 극장에 홀로 앉아 영화를 보았다.

나는 무성영화부터 시작해 영화의 역사를 차근차근 훑었다. 영화사의 주요 감독은 누구이며, 이정표라 할 수 있는 중요한 일은 무엇인지 모두 알고 싶었기 때문이다.

어느덧 나는 빔 벤데르스(Wim Wenders) 감독에 이르렀다. 그의 영화 〈베를린 천사의 시〉에선 천사 역을 맡은 브루노 간츠(Bruno Ganz)가 짙은 색의 남루한 코트를 입고 꽁지머리를 한 채 도시를 배회한다. 사람들은 그를 볼 수 없었으나, 그는 주변을 둘러보고 귀를 기울였다. 그는 보이지 않는 손을 사람들의 어깨에 얹기도 했다. 사람들은 그를 볼 수 없었으나 그는 분명 실재하는 존재였다. 영화의 각본을 쓴 이는 페터 한트케(Peter Handke)였으나, 나는 당시에 그 사실을 알지 못했다. 등장인물 중 눈먼 노인의 이름이 '호머(Homer)'라는 것도 그 당시엔 알지 못했다.

내가 당시에 알았던 것은 영화 속 천사가 사람이 되었다는 것이다. 그는 사랑에 빠졌다. 물론, 그것은 겉으로 보는 것보다 훨씬 쉽기도 했고 훨씬 어렵기도 했다. 그는 영원의 시간에서 벗어나 찰나의 시간 속으로 발을 들였다. 고대 그리스어에는 시간을 표현하는 단어가 두 개 있다. 그 하나는 '크로노스'로 우주의 질서를 의미하며, 다른 하나는 '카이로스'로 지금 현재의 순간을 의미한다. 우리가 사는 이 세상의 시간은 '카이로스'이며, 천사는 바로 이 '카이로스' 속으로 떨어진 것이다. 그는 그곳과 여기에 존재하는 모든 것들을 경험하고 싶어 했다. 소리와 냄새와 맛. 한잔의 커피와 시가. (시가는 꽁지머리와 코트에 잘 어울린다. 그나저나 영화 속의 천사는 이미 시간 속에 묶인 존재가 아니었던가.)

천사는 원하는 것을 가졌다. 그는 인간이 되었다. 그리고 죽음을 면할 수 없는 생자필멸의 운명을 맞았다. 내가 알았던 것은 그것이었고, 그것은 진실이었다.

*

이다와 나는 캘리포니아에 머무르고 있다. 곧 하와이에 갈 예정이다. 우리는 지구상에서 가장 서쪽에 있다 해도 과언이 아니지만, 여행은 계속될 것이다. 우리가 갈 곳은 비행기를 타고 다섯 시간을 가야 도착할 수 있는 태평양의 한가운데, 외딴 군도다. 거리는 고층 건물과 자동차의 불빛으로 반짝일 테지만, 한밤중에 그곳에 도착할 우리는 불빛을 볼 수 없을 것이다. 눈에 보이는 것은 거대한 어둠 속 희미하게 빛을 발하는 죽은 화산뿐이다.

우리는 캘리포니아에서 유유히 시간을 보내는 중이다. 나는 우리가 머무르는 곳과 앞으로 방문할 곳들에 관한 책을 읽었다. 나는 이다에게 내가 읽은 책에 관해 이야기해 주었다. 우리는 서로에게 각자 읽은 책에 관해 들려준다. 우리는 상대방의 의견을 듣고 싶어 하기도 하지만, 상대방에게 이야기를 들려주는 스스로의 목소리를 듣고 싶어 하기도 한다. 새로운 책을 펼치는 것은 탐험이자 시도이다. 우리는 책 속의 이야기를 통해 지나온 길을 보듬고 새로운 땅에 발을 들인다.

이곳에 영영 머무르진 않을 것이다. 우리는 샌프란시스코에서 한 달가량 머물렀으며, 나의 이메일 수신함에는 왕복 비행기표가 도착해 있다. 하와이는 우리가 집으로 되돌아가기 전 경험할 수 있는 작은 사치다. 이 사치는 우리가 함께하는 첫 여행에서 이다에게 보여 줄 수 있는 나의 상징적 행위이기도 하다. 동시에 나는 가방 속에 돌아가는 비행기표를 항상 넣어 다닌다. 그것이 주는 상징적 안정감을 즐길 수 있기 때문이다.

우리는 안전하게 잘 짠 계획하에 여행을 했지만, 집으로 돌아간 후엔 결단을 내려야 한다. 우리가 사귄 지는 반년이 조금 넘었다. 이제 우리의 관계는 전환기에 도달했다. 그간 우리는 각자 떨어져 지낸 시간보다 함께 보낸 시간이 더 많다. 나의 집에는 이다의 물건들이 조금씩 쌓이기 시작했다. 우리의 삶은 촘촘히 엮인 직물처럼 이젠 떼려야 뗄 수 없는 관계로 변했다. 만약 여행을 마치고 집으로 돌아가 어느 한쪽이라도 함께 사는 것을 거부할 경우 우리의 관계는 흐지부지될 것이다. 물론, 우리의 삶은 계속될 것이다. 따로 각자의 삶을 살게 될 뿐. 우리는 선택을 해야 한다. 그 누구도 우리에게 관계를 강요하진 않는다. 우리에게는 원하는 대로 선택할 자유가 있다.

*

내겐 문학적 단점이 있다. 그것은 바로 내가 구구절절설명하는 것을 좋아하지 않는다는 것이다. 참고 자료를 밝히는 것도 그다지 내키지 않는다. 매우 바보 같은 태도지만, 이 습관을 당장 고치는 것은 쉽지 않을 것이다. 포기하고 싶지 않은 것이 있기 때문이다. 설명하고 싶지 않은 것이 있기 때문이다. 누구나 쉽게 접할 수 있는 글을 쓰고 싶지는 않다. 또한 나는 내 글이 직감적으로 이해되길 원한다. 이 두 가지는 서로 매우 다른 요소이기도 하다.

가끔 나는 귀족적인 삶을 상상할 때가 있다. 이다와 나는 호놀룰루에서 산책을 하던 중 로열하와이안호텔 앞을 지나쳤다. 와이키키 해변의 정중앙, 진분홍빛 장미 울타리로 장식된 그 호텔에는 미국 작가 조앤 디디온 (Joan Didion)이 자주 머물렀으며, 하룻밤을 묵기 위해선 5천 크로네* 이상을 지불해야 한다. 나는 우리가 머무를 곳은 바로 그 호텔이라는 생각을 지울 수가 없었다. 이왕 이다와 함께 여행을 떠난 이상 화려함의 극치를 함께 맛보는 것도 나쁘진 않을 것이다. 마침내 평생의 반려자를 찾았는데 값이 얼마인지, 휠체어 사용이 용이한 곳인지 등 실질적인 문제들을 하나하나 따지고 드는 것은 어울리지 않다고 생각했기 때문이다.

하와이에 처음 간 것은 수년 전 대학교 친구들과 함께였다. 당시 우리는 방 하나에 네 명이 함께 머물렀다. 아직도 기억에 남는 일은 내가 샤워를 할 때 미끄러지지 않기 위해 엄청난 노력을 했다는 것이고, 잠자는 친구들을 깨우지 않기 위해 찍찍 소리가 나는 크록스 신발을 신고 욕실에서 침실까지 조심조심 걸었다는 것이다. 나는 그때 혼자 힘으로 단 몇 미터밖에 조종할 수 없는 수동 휠체어를 가져갔었다. 그 때문에 친구들이 산책을 하거나 바다에서 수영을 하기 위해 밖에 나갈 때면 방 안이나

---

* 노르웨이 화폐단위로, 5천 크로네는 70만 원가량이다.

낡은 호텔 레스토랑에 홀로 앉아 그들을 기다려야만 했다. 건물 안에 감돌던 공기는 마치 안과 밖의 경계가 모호한 파빌리온 내의 공기처럼 따스하고 부드러웠다. 내겐 매우 새로운 경험이었다.

귀족적 요소 중에는 구구절절 자신을 설명할 필요가 없다는 것도 포함된다. 디디온이 캘리포니아와 하와이에 관해 글을 썼던 것과 마찬가지로 글을 쓰면 되는 것이다. 마치 그곳에서 평생을 살았던 것처럼, 마치 그곳에 관해서는 모르는 것이 없는 것처럼, 한 가문에 오랫동안 전해 내려오는 하나의 예술 작품처럼, 역사와 세상이 나의 소유물인 것처럼 글을 쓰면 되는 것이다. 또는 유니티 밋퍼드*가 영국 저술가이자 배우 스티븐 프라이 (Stephen Fry)에게 "물론 당신은 히틀러에 관해 잘 모를 거예요, 그렇죠?"라고 당당하게 말한 것처럼.

이다와 나는 함께 여행 중이다. 우리는 사랑에 빠진 연인이며, 여행지의 이곳저곳을 들를 때마다 우리의 사랑은 더 깊어졌다. 우리가 함께 찾았던 곳의 대부분은 내가 예전에 이미 홀로 찾은 적이 있는 장소였다. 나는 이다에게 내가 아는 모든 것을 이야기해 주고 싶었다. 내가 아는 모든 것들을 이다와 함께 나누고 싶었기 때문이다. 가끔은 이다에게 아무 이야기를 하지 않을 때도 있었다. 이다와 함께 처음처럼 경험하고 싶었기 때문이다. 추상적인 관념과 오래된 문헌은 우리가 그것을 몸으로 흡수하지 않는 이상 우리에게 아무런 의미가 없다. 언어는 신체가 되어야 한다. 우리는 세상 속의 우리가 누

* Unity Mitford, 영국 및 독일의 사교계 여인이자 히틀러의 지인으로 나치즘 등 전체주의를 지지했다.

구인지, 또 세상이 우리에게 어떤 의미를 지니고 있는지 알아내야 한다.

*

이 책은 한 인간으로 거듭난다는 것에 관한 기록이다. 나는 '한 인간으로 거듭나기까지'를 한동안 이 책의 제목으로 생각해 왔다. 왜냐하면 빔 벤데르스와 페터 한트케의 '인간이 된 천사'는 꽤 오랫동안 내 어깨 위에 머물렀기 때문이다.

하지만 이 제목은 포기해야만 했다. 왜냐하면, 이 제목은 내가 아니라 미국의 저널리스트이자 시인인 마크 오브라이언(Mark O'Brien)의 것이기 때문이다. 그는 나와는 다른 방식이긴 하지만 『한 인간으로 거듭나기까지(How I Became a Human Being)』라는 제목으로 책을 출간했다. 나는 책을 출간할 충분한 자격이 있는 그가 이 제목을 선점해도 괜찮다고 생각했다.

융의 심리학에서 말하는 그림자(무의식에 존재하는 또 다른 나) 이론에 비춰 보자면, 나의 그림자는 아마도 오브라이언일 것이다. 나는 연약한 인간이지만, 그는 나보다 훨씬 더 연약했다. 내 몸무게는 55킬로그램이지만, 그의 몸무게는 나의 반도 채 되지 않았다. 나의 근육은 작지만, 그의 근육은 눈에 띄지도 않을 정도였다. 나는 커다란 전기 휠체어를 통해 자유를 맛볼 수 있지만, 그는 이 자유를 맛볼 수 없었다. 그는 너무나 연약하고 너무나 상처받기 쉬운 사람이었다.

〈베를린 천사의 시〉에서 천사는 내면으로의 침투와 하강이라는 요소를 통해 인간이 되었다. 흑백의 세계에서 유채색이 존재하는 세계로 떨어지는 찰나, 그는 상처를 입었다. 인간이 된 그가 가장 처음으로 보았던 것은 자신의 검붉은 피였다.

오브라이언의 경우는 다르다. 비록 흑백의 세계에서 유채색이 존재하는 세계로 향하는 움직임과 신체의 실재 및 관능적 감각을 향한 동경은 영화 속 천사의 경우와 다를 바가 없으나, 그는 이 책에서 외부로의 진출과 상승이라는 요소를 통해 인간이 되었다.

나는 결정을 내릴 수가 없었다. 나의 이야기는 하강에 관한 것이라야 할까, 상승에 관한 것이라야 할까? 나의 이야기는 내 안으로 들어가는 나를 다루어야 할 것인가? 단지 내가 이미 항상 한 인간으로 살아왔다는 것을 다시 깨닫기 위해서? 생각하면 할수록 오브라이언의 제목은 내게 어울리지 않는다는 것을 느꼈다. 나는 그에게 제목을 양보했다. 나는 그의 악마들에 관해 잘 알고 있지만, 그것은 내 것이 아니기 때문이다.

그럼에도 그와 내겐 많은 공통점이 있다. 우리의 삶이 기계와 매우 친숙하다는 것과 우리가 보통 사람들보다 신체의 한계와 리듬에 대해 더 잘 이해한다는 것이다.

오브라이언은 시를 썼다. 나는 산문을 쓴다. 나는 자판기를 이용해 글을 쓰며, 말과 단어는 유연하고 빠르게 움직인다. 나의 가장 큰 난제는 낯선 외래어가 폭포수처럼 열정적으로 내게 들어오는 바람에 단어들이 내 안에서 뿌리를 내릴 틈이 없다는 것이다. 이러한 상태를 묘사하기 위해서는 '로거리어(logorrhea, 다변증)'라는 또 다른 외래어가 필요하다.

오브라이언은 로거리어와 같은 낯선 외래어의 방해를 받지 않는다. 그의 난제는 나의 것과는 정반대였다. 글을 쓸 때 자판기를 사용할 수 없었고, 호흡기 질환 때문에 삶의 대부분을 금속 호흡 보조 장치에 의존해 살아야 했으며, 무엇보다 단어 하나 문장 하나에 내밀한 시적 사유를 담아내야 한다는 시인으로서의 숙명과 같은 고민이 그것이었다. 바로 그 때문에 그는 의미를 압축해야만 했고, 정제되고 간결한 단어를 사용하되 그 속에 세상을 품을 수 있는 깊은 생각을 모두 담아야만 했다. 내가 지향하는 바 역시 그것과 맞닿아 있으며, 이를 위해 여전히 노력 중이다. 우리가 우리에게 가장 부자연스럽게 다가오는 것들에 적응하기 위해 분투하는 것처럼.

마크 오브라이언,
「철폐(鐵肺) 속의
사나이」

나는 소리 지른다.
전기 신체,
숨을 쉬듯 펄떡펄떡 뛰는 이 누런 금속 실린더의
밤낮없이 윙윙거리는 소리
우둔하게 반복되는 기계적 리듬.
무례하게도, 그것은 내 몸속의 지도에 멋대로 들어와,
나의 자정 그 어둡고 음울한 마음과 함께,
꿈으로 흠뻑 젖은 지도 제작자가 되어 테라 인코그니타
        (terra incognita, 미지의 땅),
짙은 수면의 종이 위에 지도를 그린다.
나는 소리 지른다.
나의 전기 신체 속에서
꿈속의 뱀은 나의 왼쪽 다리를 물어뜯는다.
분개한 나는 신들의 무뚝뚝한 어깨를 세차게 흔들며,

이처럼 사악하고 미끈거리는 존재가
어떻게 나의 신성한 금속 은둔처에 들어올 수 있었는지
　　물어본다.
신들의 특권으로
뱀은 죽음의 벌을 받았음에도
여전히 그 이빨은 내 다리에 박혀 있다.
뱀의 이빨을 치워야 한다.
뱀의 꿈에서 깨어나야 한다.
의식의 가장자리, 가장 무자비한 신은,
굳건한 저항 속에서
나의 이 제한되고 부자연스럽고 낙오된
전기 신체를 향해
건강의 약속을 귓전에 속삭이고
불멸의 아름다운 거짓을 쉭쉭거리며 내뱉고
신성하고 끈질기게 한숨을 쉰다.
그것은 나,
그것은 나였다.

　　　　　　　*

『한 인간으로 거듭나기까지』는 마크 오브라이언이 생
전에 탈고한 책이지만, 2003년이 되어서야 세상의 빛
을 보았다. 그는 1999년 미국 헌법 제정일에 세상을 떠
났다. 나는 머릿속에서 그의 생각을 지울 수가 없다. 왜
냐하면 그는 바로 이곳 버클리에서 태어났기 때문이
다. 내가 버클리를 처음 방문했을 때, 그가 세상을 떠난
지 6년이나 흘렀지만 여전히 생전의 그를 잘 아는 사람
을 만날 수 있었다. 이곳에는 그와 마찬가지로 젊은 나
이에 일찍 세상을 떠난 사람들도 많다. 이 사회는 그들

의 유족, 친지는 물론, 활동가와 학자 들이 생활하고 있으며, 모두 인간의 취약함에 관해 잘 알고 있다.

버클리 펠로십을 위해 이사를 계획했을 때, 내겐 머물 곳도 없었고 머물 곳을 마련할 시간도 부족했다. 그때 나를 도와준 사람들이 바로 그들이다. 그중에서도 특히, 영문학 교수이자 나의 학문적 후원자였던 수(Sue)에게서 큰 도움을 받았다. 나는 수를 처음 만났을 때 수가 불교 승려 또는 요가 수행자일 것이라 생각했다. 수의 남편은 베트남전쟁에 참전했다가 고엽제에 노출되어 사망했다. 나는 캘리포니아에 머물며 수가 얼마나 따스하고, 현실에 최선을 다하는지를 느꼈다. 돌이켜보건대 우리는 우리 앞에 남은 시간이 얼마 남지 않았다고 느꼈을 때 눈앞의 현실, 지금 이 순간에 최선을 다하게 되는 것이 아닌가 싶다.

조앤 디디온은 "하나의 장소는 그곳을 가장 필요로 하는 이에게 속한다. 그 장소는 그의 기억 속에서 가장 깊고 강렬하게 남고, 시간이 흐름에 따라 그는 기억 속의 장소에서 스스로 벗어나 자기만의 형태로 그 장소를 새롭게 구성하고 묘사하며, 결국 자신의 머릿속에서 재구성된 그 장소에 깊은 애정을 지니게 된다"라고 기록했다. 나는 캘리포니아를 디디온이 말했던 방식으로 받아들일 수 없었다. 왜냐하면 캘리포니아는 내게 속했던 것이 아니라, 내가 캘리포니아에 속했기 때문이다. 이것은 적어도 내가 캘리포니아를 떠올렸을 때 스치는 생각이며, 이 생각은 그 누구도 아닌 바로 나 자신이 스스로 만들어 낸 것이다.

나는 항상 왜소한 아이였다. 그런데도 마크 오브라이언의 몸무게는 내 절반 정도에 지나지 않았다. 나의 행동 반경은 미터 단위로 이루어지지만, 그의 움직임은 밀리미터 단위로 이루어진다. 그는 병원과 요양원 등 각종 치료 시설에서 유년기와 청년기를 보냈다. 그는 친구도 없었고, 스스로 무엇을 결정할 수도 없었다. 아무것도 할 수 없었다. 그는 실질적으로 성인이 된 후에야 각고의 노력을 통해 대학에 입학할 수 있었다.

내가 그의 책 제목을 사용하지 않았던 것은 그와 나의 차이점 때문이다. 나는 항상 한 인간으로 살아왔다. 그는 소아마비라는 병이 세상에서 거의 사라질 무렵, 소아마비에 걸린 마지막 어린이 중의 한 명이었으며, 어렸을 때부터 가족과 떨어져 살았다. 그는 1955년에 태어나 1999년 숨을 거두기까지 너무나 많은 시간 동안 홀로 살아야만 했다.

나는 열 살이 될 때까지 부모님, 여동생과 함께 오슬로의 뤼데르 사겐스 거리에 자리한 빨간 집에서 살았다. 우리는 여름이 되면 베스트폴드의 뇌테뢰위섬에 자리한 빨간 페인트칠이 시선을 끄는 작은 오두막에서 시간을 보냈다.

내가 집을 떠나 시간을 보냈던 것은 열세 살을 훌쩍 넘긴 해에 다른 아이들과 함께 여름 캠프에 참가했던 것과 요양기관에서 약 일주일간 시간을 보냈던 것밖에 없다.

그럼에도.

인식의 형태를 지닌 눈빛은 항상 내 주변에 존재했다. 외로움의 감정은 물론이며, 나는 하나의 존재로서가 아니라 아무도 알고 싶어 하지 않는 하나의 신체에 불과하다는 느낌이 항상 나를 따라다녔다. 그래서 마크 오브라이언과 나는 서로의 시선을 피하고 싶어도 결국 서로의 눈빛을 마주하게 된다. 전혀 내키지 않음에도 불구하고.

*

그것은 또 다른 문제에 관한 이야기다. 시간에 관한 질문이기도 하다. 존재하지 않는 삶은 확장성도 없고 겹을 달리하는 깊이도 없다. 나는 과거에 일어나지 않았던 일, 일어날 수도 있었던 일 때문에 괴로움에 시달려 왔다. 그렇다면 내가 실질적으로 살아왔던 삶은 진실로 나의 삶이라 할 수 있을까?

나는 나의 삶을 시간 순서대로, 일이 일어난 순서대로 정리해 볼까 한다. 이 방법이야말로 그 과정에서 예상 가능한 질서를 찾아볼 수 있기에 가장 합리적이라 할 수 있을 것이다. 과거 일어났던 일은 일어났어야만 하는 일이다. 하지만 이를 기록하는 작업은 나의 환상이자 합리화이며 재구성에 불과하다. 과거는 마치 11세기의 역사를 자수 작품으로 담아낸 바이외 태피스트리처럼 벽에 걸려 있다. 그것은 투사된 이미지이며, 내 기억에서 비롯된 빛과 그림자의 놀이에 불과하다. 그것은 내가 지금 글을 쓰는 이 순간에 실재하며, 과거에 일어났던 일 또한 지금 나의 기억과 글 속에서 실재한다. 나는 글을 쓰며 더 이상 존재하지 않는 나를 끌어낸다.

나는 어린 시절의 기억을 하나하나 들추어 본다. 그 기억 속에는 행복하고 근심 걱정 없는 나의 모습과, 동시에 주변의 아이들과 다르다는 이유로 경험했던 적대적 충동감, 불쾌감, 반감 등도 포함되어 있다.

부모님은 내게 항상 이렇게 말했다. "너는 우리에게 언제나 '얀'일 뿐이란다."

우리는 이런 대화를 수도 없이 나누었다. 그날은 빌라베이엔에 자리한 우리 집 거실의 탁자를 둘러싸고 대화를 나누었다. 그 집에 이사를 갔을 때 나는 열 살, 여동생은 일곱 살이었다. 기능주의 건축양식을 따른 그 집에는 구석구석 창문이 있어 햇살이 잘 들어왔다. 나는 창을 통해 베란다에서 정원까지 이르는 경사로를 볼 수 있었다. 뤼데르 사겐스 거리의 빨간 스위스식 빌라에 살 때는 2층에 우리 집이 있었다. 정문에서 빌라 현관에 이르기까지는 계단이 짧았지만, 현관에 들어서서 우리 집까지 가려면 또다시 긴 계단을 올라야 했다. 부모님은 이사를 가기로 결심했다. 새로 이사한 집에는 나를 위해 1층에 침실과 욕실을 따로 만들어 주었다.

빌라베이엔에 있던 우리 집 마당의 경사로는 금속으로 덧씌어져 있었다. 그 경사로에서의 기억은 적지 않다. 그곳에서 넘어져 무릎에 상처가 생겼던 기억, 휠체어를 타고 올라가 경사로 위쪽의 평평한 곳에서 휠체어 방향을 바꾸는 연습을 하던 기억. 정원에서는 휠체어를 타고 놀기도 했고, 가끔 두 발로 걷기도 했다. 그때 내게 가장 중요했던 것은 산딸기 덤불 속에서 잘 익은 열매를 찾아내는 일이었다.

나는 꽤 오랫동안 부모님의 말씀을 쉽게 믿지 못했다. 물론, 나를 있는 그대로의 나로 받아들인다는 부모님의 말씀이 진심이라는 것은 잘 알고 있었다. 나는 아직도 당시 부모님과 함께 경사로 난간에 몸을 기대고 찍은 사진을 기억한다. 우리가 그 집에 이사 간 후 1년이 지난 날, 일간지 《아프텐포스텐(Aftenposten)》에는 아직 이행되지 않은 권리, 끝없이 반복해야 하는 투쟁에 관한 기사와 부당한 것들에 항의하는 사진이 실렸다. 나 또한 그 당시 이미 폭풍우처럼 밀려오는 그 무언가에 관해 잘 알고 있었다.

그리고 나의 아들이 태어났다. 내 아들은 나의 우려와 기대가 한데 어우러진 현실이자 양자물리학적 기적이라 해도 과언이 아니었다. 나는 한 아이의 아버지가 되고서야 아이는 아이로서의 존재 그 자체로 받아들일 수 있다는 것을 깨닫게 되었다.

나는 지금 1992년 《아프텐포스텐》에 실린 사진을 보며 나와 함께 평생을 약속한 이다를 떠올린다. 문득 사진 속에서 하나의 공통점을 발견했다. 그것은 무엇을 향한 것일까? 세상을 향한 것일까? 사진 속에는 보이지 않는 것이 있다. 《아프텐포스텐》 사진기자의 카메라 렌즈 너머 자리한 그것은 이름이 없다. 그것은 하나의 언어이며, 그 순간에 존재하는 그 무엇이다. 부부로서, 가족으로서의 이다와 나는 그것이 무엇인지 알고 있다. 우리는 죽음에 이를 때까지 그것에서 벗어날 수 없다. 동시에 우리는 죽음에 이를 때까지 가정을 이룬 이 집안에 그것을 들이지 않기 위해 노력해야 한다. 그것은 폭풍이며 환경오염이다. 그것은 불평하는 목소리이며 속삭이는 목소리다. 비록 나와는 상관없다 할지라도, 나는 그것을 들을 수 있고 이해할 수 있다. 심지어는 마치 그것이 나의 일부인 것처럼 말을 할 때도 있다. 내가 이토록 그것에 관해 잘 알고 있다면, 그것은 나의 한 부분이라 해도 좋을까?

*

제임스 글릭(James Gleick)은 그의 저서 『타임 트래블(Time Travel: A History)』에서 시간 여행과 기억의 기본적인 문제점은 엔트로피라고 말했다. 우리는 켜켜이 쌓인 층을 헤쳐 가며 더 오래된 것, 더 진실된 것, 정화된 것에 가까워졌다고 생각하지만, 사실은 더 복잡한 것에 직면할 뿐이다. 우리는 다시 어린아이가 될 수 없다. 우리가 1400년대에 살았던 어린아이의 삶이 어떤 것인지 모르는 것처럼 어린아이로 살아간다는 것에 관해 알지 못한다는 것이다.

우리는 시간을 여행할 수 없다. 시간을 여행하기 위해선 기본적으로 출발점이 있어야 하고, 우리와 전혀 상관없이 독립적으로 존재하는 미지의 땅, 즉 과거라는 목적지가 있어야 한다. 그것은 크로노스, 우주의 시간이다. 하지만 우리는 그곳에 갈 수 없다. 현재의 순간은 우리를 에워싸고 있고, 우리는 그 현재의 순간을 함께 가져갈 수밖에 없다. 우리는 미래가 과거로 변하는 영원한 '현재'를 피할 수 없다. 우리는 카이로스 속에서 살고 있다.

이와 마찬가지로 우리의 기억은 스스로 생겨나는 것이며 우리 안에서 살아가고 있다. 그것은 과거의 복제품과는 거리가 멀다. 나는 기억을 살펴볼 때마다 기억을 조금씩 변화시킨다. 매번 새로운 덧칠을 하는 것과 마찬가지다.

나는 원고를 다시 고쳐 쓰는 중이다. 그럴 때마다 나의 언어는 눈에 띄지 않을 정도로 미세하게 달라지고 나의 원고는 새 옷으로 갈아입는다. 그렇다 할지라도 내 글이 여전히 진실한 내 모습을 투영하리라는 생각은 변함이 없다.

이다와 나는 결혼을 했고 아이를 낳았다. 나는 글을 쓰고, 아이는 베란다 지붕 아래 유아차에 누워 잠을 자고 있다. 밖에는 비가 내리고 있다. 이다는 내 옆에 앉아 피아노 연습을 한다. 이다는 잉리드 비에르노브의 피아노 선곡집에 실린 클래식 명곡, 동요, 영화 음악 등을 연주하고 있다. 곧 폭풍이 몰아칠 것 같다.

과거의 나, 이미 낯설어진 지 오래인 그의 모습을 재구성하려고 노력한다. 나는 올해 36세지만, 내 기억은 18세 청년의 것이다. 나는 당시의 기억을 복원할 수 있다. 그것은 능동적 행위이며 목적을 지닌 행위다. 이다는 〈섬웨어 오버 더 레인 보(Somewhere Over the Rainbow)〉의 도입부를 몇 번이나 되풀이하며 떠듬떠듬 연주하기 시작한다. 열여덟 살의 나는 지금 이 순간의 상황을 전혀 예상하지 못했다. 설사 예상했다 하더라도 감상적이라 일축하거나 내게는 너무나 친밀하고 너무나 압도적으로 여겨져서 불안해했을 것이다.

기록은 기억과는 달리 안정적이다. 초기 기록문화에서 엿볼 수 있는 금언 중에는 다음과 같은 것이 있다. '가장 희미한 잉크라 할지라도 강렬한 기억을 능가할 수 있다.' 조지 오웰은 매일 일기를 쓰는 것이 인간의 습관 중 가장 좋은 것이라 했다. 우리는 일기를 쓰며 지적 진실을 강요받는다. 실수와 수치스러움을 억지로 기억해야 할 뿐 아니라, 성공은 물론 근본이 잘못되었다 하더라도 결국은 긍정적인 일로 귀결된 일도 기억해야 한다. 일기장은 항상 시간에 따라 변화하는 순간의 진실을 정정하는 수단이다. 『1984』에서 윈스턴이 행한 가장 첫 번째이자 결정적인 저항적 행위는 일어났던 일을 기록하는 것이었다.

나는 일기를 꾸준히 쓰는 데 소질이 없다. 그럼에도 내게는 일종의 일기장이 남아 있다. 지면에 기록된 목소리는 내 것이 아니지만, 그것은 수년 전 내가 생각했던 것보다 훨씬 쉽게 다가갈 수 있는 것이었다. 바로 그 때문에, 그것은 어떤 면에서 보자면 더욱 강력하고 충만하다고도 할 수 있으며, 심지어는 오래되어 먼지 묻은 토템적 위력마저 느낄 수 있다.

내 책장은 부모님에게서 물려받은 수많은 서류로 가득차 있다. 알렉산데르가 태어난 후에 내가 이것을 물려받았던 것은 우연일지도 모른다. 어쨌거나 내겐 매우 잘된 일이다. 항상 어머니 아버지의 아들로 살기를 원했던 나는 이제 한 아이의 아버지가 되었고, 내 부모님의 습관을 답습한다. 이다와 함께 아이를 낳고 평생을 함께하리라 결심한 후, 임신과 태교에 관한 스크랩북을 만들었다. 출산일이 가까워졌을 때는 출산과 육아에 관한 스크랩북을 만들었다. 나는 갖가지 서류를 모으고 정리하는 데 익숙한 사람이다. 그 일은 자잘한 빵가루를 한데 모으는 일과 그리 다르지 않다. 다른 점이 있다면 주제를 파악하고 중심을 잡아야 한다는 것뿐이다. 그것은 주제에서 벗어나지 않는 동시에 진실을 요구하는 일이다.

부모님에게서 물려받은 갖가지 서류 중에는 병원에서 발행한 진단서와 소견서, 관련 의학 저널 등이 대다수였다. 시와 정부기관, 여행사, 의약 용품 공급업체 등에 보낸 편지의 사본도 찾아볼 수 있었다.

오래되어 바스러질 것처럼 낡은 서류를 보는 순간, 얼음처럼 차가운 물에 몸을 담그는 듯한 느낌이 스쳤다. 바로 곁에 웅덩이가 있다는 것을 알고 있지만, 옷을 벗어던지고 실제로 뛰어들기 전에는 도움이 되지 않는다. 그것은 내가 따랐다고 기억하는 타임라인과는 다른 것이었다. 그것은 내가 살아왔다고 기억하는 삶과는 다른 것이었다. 그리 이상한 일도 아니었다. 왜냐하면 그 편지들을 보내고 답장을 했던 사람은 내가 아닌 나의 부모님이었으니까. 그것들은 내게 온 편지는 아니었지만, 그 내용은 나에 관한 것이었다. 나에 관한 편지라 할지라도 내겐 딴 세상의 것처럼 여겨졌다. 그 편지들이 속한 타임라인은 현재 내가 살고 있는 삶으로 이어지지 않았기 때문이다. 편지 속의 삶은 현재 나의 삶보다 훨씬 비극적이며 어쩌면 더 짧았을 삶이었을지도 모른다. 밝음과 기대감은 전혀 찾아볼 수 없었다. 그럼에도 그 편지들 속에는 기대의 지평선이 자리 잡고 있었다.

그 편지들의 내용과 형식은 너무도 달랐지만, 항상 책임을 거부하는 그 누군가에게 책임을 요구한다는 공통점을 찾아볼 수 있었다. 휠체어를 수송해 주겠다는 약속을 잊어버렸거나 어겼던 여행사, 후속 조치를 하지 않았던 병원과 내부 규칙을 지키지 않았던 정부기관. 그들은 자신들에게 유리할 때만 놀랄 만큼 정확한 기억력을 발휘한다. 그 외의 경우엔 갖가지 이유로 자신들의 책임 회피를 정당화한다.

수년에 걸쳐 쌓인 그 문서들에서는 크게 두 가지 사항을 볼 수 있었다. 하나는 나의 초기 근육 질환의 애매모호한 증상들에 관한 기록이었고, 이것은 내가 십 대 후반에 이를 때까지 계속되었다. 다른 하나는 이 시기 이후 내가 문서 작업에 직접적으로 관여한 흔적이었다. 나는 이 시기부터 나 자신을 위한 비서이자 관리자, 우체국 및 기록 보관소의 역할을 하기 시작했다.

문서의 내용은 다음과 같다.

3세 소년. 짙은 금발, 갈색 눈동자, 외소하나(sic, '왜소'를 잘못 기록한 것으로 보임) 균형 잡힌 신체. 근육 발달 상황은 나이에 비해 비교적 늦으나 큰 문제점은 없어 보임. (……)

진단서
1984년 6월 12일

운동기능, 언어 및 지능 발달 상황은 나이에 비해 꽤 빠른 편임.

고개를 돌리거나 들어 올리는 동작, 기는 동작에는 관심이 없어 보임. 상기 동작은 생후 한 번도 한 적이 없음. 평상시 앉아 있을 때는 몸을 지탱할 필요가 없어 보임. 생후 10개월 반이 지났을 때 두 발로 일어설 수 있었으나, 걷는 자세는 매우 불안정하고 2세가 될 때까지 넘어지기를 수도 없이 반복했음.

계단을 오르내리는 일이 상당히 힘들어 보이며, 매번 왼쪽 다리를 먼저 들어 올리는 경향이 있음. 몸의 균형을 잡는

데 큰 어려움이 있으며, 계단을 기어 올라가는 일도 쉽지 않아 보임.

그것은 시작이라고는 할 수 없었다. 시작은 기록되지 않았다. 그것은 무언가 잘못되었다는 미묘한 느낌으로 시작되었다. 나는 나였지만, 동시에 발을 옮길 때마다 넘어지는 아이이기도 했다. 그 때문에 내겐 항상 지울 수 없는 걱정과 불안의 그림자가 따랐다.

부모님의 집을 방문했다. 그곳은 내가 어렸을 때 살던 집이기도 하다. 우리는 거실 탁자 위에 갖가지 서류와 카세트테이프를 늘어놓고 작은 팸플릿, 낱장의 종이들, '노르웨이근육질환협회'의 회원 책자 등을 뒤져 보았다. 이전에도 그랬듯, 이것들은 내게 진실을 받아들이기가 얼마나 어려운 일인지 다시 한번 상기시켜 주었다. 문서들은 눈으로 볼 수 있는 것이지만, 두세 살가량의 소년의 모습은 하나의 기억에 불과했다. 기억 속의 소년은 이제 존재하지 않는다. 기억 속의 그 소년은 6세 소년의 모습으로 덧씌워지고, 그것은 다시 10세 소년의 모습으로 덧씌워지며, 지금은 36세가 된 한 남자가 이 글을 쓰고 있다.

우리는 펠림프세스트*이다. 우리는 지워진 흔적 위에 덧쓰기를 반복한 기록물이다. 모든 것은 희미해져 흔적만 남길 뿐이다.

어머니는 문서들을 나누어 담은 커다란 비닐봉지 세 개를 들고 내 집무실을 찾았다. 우리는 함께 그 문서들을

---

* Palimpsest, 원래의 글 일부 또는 전체를 지우고 다시 쓴 고대 문서.

다시 한번 살펴본 후 차례차례 책장에 꽂았다. 우리는 과거의 기억을 돌이키며 마치 함께 전쟁을 겪은 사람들처럼 대화를 나누었다.

"한시도 평온한 날이 없었죠, 그렇죠?"
"그랬지……."

이 문서들은 외부에서 바라보는 시선이다. 그것은 의약 치료 기관, 물리치료 기관, 교육기관, 정부기관, 자치기관, 법률 기관, 여행사 들의 시선이다. 이 시선은 나를 하나의 물건, 운송 문제를 야기하는 상품 정도로 바라보고 있다.

나는 문서들을 다시 읽어 보았다. 기록 그 자체는 꾸준하고 안정적이었다. 내가 처음 진단을 받았던 3세, 1984년 당시에 기록된 문자들은 여전히 제자리를 지키고 있지만, 나는 변했다. 이러한 점을 이야기했던 사람은 바로 자크 데리다(Jacques Derrida)이다. 즉, 독자들은 시간이 흐름에 따라 변하기 마련이고 그로 인해 기록 또한 함께 변한다는 것이다.

이다와 알렉산데르, 그리고 내가 함께 사는 작은 아파트 앞에는 80년대 중반 건물이 지어질 당시 함께 세워졌던 팻말 하나가 자리를 잡고 있다. 팻말에는 아파트 뒷마당에 차 진입을 금지한다는 문구가 적혀 있다. 예외는 물품을 수송하는 트럭과 장애인 운송 차량뿐이다. 물품과 장애인 수송 차량. 우리는 이것을 수십 년 동안 반복해서 읽고 있다.

*

갓난아이와 함께하는 시간은 순전한 '카이로스'라고 할 수 있다. 나는 아버지가 된 후 1년 반이 지난 시점에 글을 쓰고 있다. 이 시점은 길고 긴 '지금'이며, 이 지금이라는 순간은 드넓게 뻗어 나가 시간의 지평선마저 집어삼킨다.

나는 이 순간 자리에서 일어난다. 한 아이의 부모가 된 후 처음으로 맞는 가을 아침이다.

이다가 자는 옆 침실에서 아직 인기척이 없는 것으로 보아, 지난밤은 평온했던 것으로 짐작한다. 우리는 아직도 한밤중에 깨어나 먹고 자기를 반복하는 알렉산데르 때문에 밤잠을 제대로 자지 못할 때가 있다. 그런 날이면, 아이와 엄마는 동이 틀 무렵에야 겨우 눈을 붙이곤 한다. 시간이 흐를수록 그런 날은 점점 줄어드는 반면, 우리의 아침은 갑작스럽고 격렬한 열정으로 시작될 때가 많아졌다.

그 가을 아침에 나는 홀로 일어났다. 나만의 템포로. 침대는 블록을 쌓아 올려 만든 것으로 꽤 높은 편이다. 그 때문에 침대에 걸터앉아도 두 발이 바닥에 닿지 않는다. 사실, 두 발이 바닥에 닿는다 하더라도 내겐 별 의미가 없다. 내 발목은 뒤틀려 있어 바닥을 짚고 몇 분 이상 서 있는 것이 불가능하기 때문이다. 나는 맨발로 걸을 수가 없다.

침실 바닥에는 나의 샌들이 자리하고 있다. 내 발의 형태에 맞추어 속을 넣은 넓적한 샌들은 견고하게 내 발과 발목을 감싸 준다.

나는 힘들여 몸을 일으킨다. 탄성이 좋은 침대의 매트리스는 내가 몸을 일으키는 데 도움을 준다. 나는 손을 내밀어 창틀을 짚고 몸의 균형을 잡는다. 침실 문을 열고 이다와 알렉산데르가 일어났는지 귀를 기울인다. 아무 소리도 들리지 않는 것을 확인한 나는 욕실로 향한다.

특수 샌들을 신은 나는 몸을 꼿꼿하게 펴고 양치질을 한다. 변기를 사용한 후, 벽에 고정된 손잡이를 잡고 몸을 일으킨다. 샤워실에 자리한 접이식 의자를 펼치고 그 위에 앉아 수건걸이에 걸려 있는 손잡이가 긴 집게를 이용해 샌들을 벗는다. 샤워 커튼을 열고 닫을 때도 이 집게를 이용한다. 이 모든 움직임은 자동적이고 자연스럽게 이루어진다. 나는 이 움직임을 특별한 생각 없이 매일 반복한다. 그러기에 기록으로 남길 필요도 없다.

매일매일 수천 가지 작은 순간들이 발생하고, 사라진다. 몸의 움직임을 통제하는 뇌조차도 이들 움직임을 인지하거나 기록하지 않는다.

샤워를 마친 나는 샌들을 신고 몸을 일으켜 푹신한 벤치 위에 앉는다. 이러한 아침의 일과 속에서 내가 두 발로 서 있는 시간은 몇 분도 채 되지 않는다. 그럴 필요가 없도록 욕실이 설계되어 있기 때문이다. 나는 옷을 입기 시작한다. 양말을 신을 때는 특수하게 제작한 양말 집게를 사용한다. 그것은 플라스틱과 끈으로 제작된 물건으로 알렉산데르가 생후 4개월째 되던 날부터 유독 관심을 많이 보인 것이기도 하다. 아이는 그것을 들고 행복하게 두 팔을 휘저으며 심지어는 입에 넣어 먹으려고도 했다. 나는 구두주걱을 이용해 신발을 신는다. 알렉산데르는 구두주걱도 좋아했다. 나는 한쪽 끝에 고리가 달린 집게 손을 이용해 지퍼를 올리고 알렉산데르를 떠올린다. 아이는 이 모든 물건에 특별한 관심을 보였고 항상 장난감처럼 가지고 놀고 싶어 했다. 이제 집 안에 있는 모든 것은 이전과는 다른 의미를 지니게 되었다. 아이의 느낌, 아이와의 관계성이라는 의미가 더해졌기 때문이다.

쇠고리가 달린 집게는 빗자루대를 깎아 만든 것이다. 물론, 이런 특수 물품을 판매하는 가게도 있다. 하지만 그런 곳에서 판매하는 집게는 플라스틱으로 제조된 것이라 영구성이 없다. 가게 이름은 '더 단순한 삶'이지만, 그곳에서 파는 집게는 빗자루대에 고리를 끼워 만든 나만의 집게와는 비교가 되지 않을 정도로 조악하다. 나의 집게는 이미 15년이라는 세월을 머금고 있으며, 앞으로 다가올 15년이라는 시간에도 거뜬히 제구실을 해낼 것이다. 아버지는 그 옛날 우리 집 지하실 작업대에서 나를 위해 이 집게를 직접 만들었다.

그 늦은 가을날 아침, 나는 이다가 알렉산데르를 안고 침실에 들어오기도 전에 이미 신발까지 신었다. 운이 좋은 날, 기분 좋은 아침이었다. 나는 아침에 일어나 씻고 준비를 하는 데 30분을 소비한다. 나는 이 시간을 줄일 수 없다. 최선의 경우, 이 시간을 나누어 사용할 수 있다. 아이를 보는 시간을 끼워 넣을 경우, 30분은 1시간 가량으로 늘어난다.

나는 서두를 수가 없다. 이것은 확실하고 결정적인 팩트이자 길 한가운데에 자리한 커다란 바윗돌 같은 것이다. 나는 전철을 탈 때도 서두를 수 없다. 나의 휠체어는 일정한 속도로 움직이기 때문이다. 나는 달릴 수도 없다. 집에서 5분 늦게 나서면, 5분 늦게 목적지에 도착한다. 욕실에서도 서두를 수가 없다. 만약 평소보다 좀 더 빨리 서두를 경우, 균형을 잃고 넘어지거나 쓰러질 것이다. 내게 시간은 융통성이라곤 전혀 찾아볼 수 없는 고정된 것이다. 나는 내게 주어진 시간을 있는 그대로 사용할 뿐이다.

늦은 가을 아침, 우리는 부엌 식탁 앞 등받이가 높은 어린이 의자에 알렉산데르를 앉혀 놓았다. 이다가 샤워를 할 동안, 나는 아이에게 숟가락으로 이유식을 먹였다. 기분 좋은 아침이었다. 그 잠깐의 시간 동안 시간이 얼마나 느리게 가는지 또 동시에 시간이 얼마나 빨리 가는지 절실히 느꼈다. 갓난아이와 함께하는 순간을 느끼는 것이다.

이다, 시간이 얼마나 필요해? 내가 사용하는 시간의 반, 아니 삼분의 일 정도면 될까? 당신은 선 채로 샤워를 하고, 선 채로 옷을 갈아입고, 마음만 먹으면 얼마든지 욕실에서의 시간을 줄일 수도 있잖아. 하긴 당신은 매일 시간을 절약하기 위해 욕실에서 서두르는 편이지. 당신의 시간은 유동성을 지니고 있어 얼마든지 늘릴 수 있어. 하지만 오늘은 내가 알렉산데르에게 음식을 먹일 테니 그 시간만큼은 당신이 원하는 대로 사용할 수 있어. 당신이 샤워를 마치고 욕실에서 나오면, 나는 아이의 입가를 닦고 의자에 떨어진 음식을 훔칠게. 그동안 당신은 우리를 위해 커피를 끓여 줄 수 있겠지? 부엌 창밖엔 겨울 해가 떠오르고 있어.

우리는 매일 낯선 곳으로 여행을 떠나지. 우린 매일 우리가 할 수 있는 일과 할 수 없는 일이 무엇인지 깨닫게 돼. 우리는 매일 테라 인코그니타, 그 낯선 미지의 공간을 탐험하고 있어.

2
시선은 권력이다

우리 가족이 살던 마을, 볼프스 거리의 끝에는 1930년대에 공원으로 조성된 스텐스파르켄 입구가 있다. 그곳은 과거 사형 집행소가 있던 곳으로, 지금은 그 이름과 함께 역사의 한 장에 남겨진 이미지에 불과하다. 부모님은 1970년대 말에 그곳으로 이사를 했고, 점령군 거주지로 사용되던 건물을 개조해 우리 가족의 삶의 터전으로 삼았다. 우리가 자리를 잡고 살기 시작한 이후에도 그 근처에는 주사기 바늘과 같은 과거의 잔재를 여기저기서 볼 수 있었다. 사형 집행관과 사형 집행소, 그리고 주사기 바늘. 낡은 건물을 개조해 새로운 가정집으로 만드는 일은 꽤 큰 작업이었다. 부모님은 B급 건축자재와 학교에서 배운 목공 수업의 기억을 바탕으로 집을 지었다.

공원의 반대편에는 트램 역이 있었다. 철로는 공원 옆 오르막길을 거쳐 학교 앞 오솔길까지 계속되었다. 우리는 학교 앞 진입로를 오솔길이라 불렀다. 길 양옆에 커다란 나무들이 줄지어 있었기 때문이다. 양옆에 밤나무가 즐비한 뷔그되위 오솔길처럼. 학교에서 트램 역까지의 길은 비교적 짧았지만, 트램 역에서 우리 집까지는 너무나 길었다. 방과 후 역에서 내려 집으로 가려면 무거운 가방을 등에 메고 스텐스파르켄의 북쪽에 자리한 길과 길 끝쪽의 계단을 올라야만 했다.

나는 그 길을 홀로 걷지 않았다. 나는 홀로 있는 시간을 거의 누릴 수 없는 아이였다. 항상 누군가와 함께 있었다. 다른 아이들이 추운 겨울날 운동장에서 뛰어놀 때 교실에 홀로 있었고, 다른 아이들이 체육 수업을 받을 때 물리치료사와 함께 있었다. 그렇다. 나는 홀로 있을 때조차 내 곁에는 최소 한 명의 어른이 있었다. 물리치료사, 학교의 인턴 교사, 또는 정형외과 의사 등.

그들은 평가에 근거해 나를 보살펴 줄 책임을 진 어른들이었다.

진단서
1994년 6월 15일

(……) 부모와 지원 기관의 성인들로부터 상당한 추가 지원과 후속 조치가 필요함.

바꾸어 말하자면, 그들은 나를 최악의 상황에서 보호하고 내가 정상적인 일상을 영위할 수 있도록 책임을 진 어른들이었다. 이들 지원 기관에서 나온 호의적인 사람들은 내게 선한 시선을 보냈지만, 나는 그때나 지금이나 그들의 선한 시선을 선뜻 받아들이기 힘들다.

지원 기관의 도움은 내게 아무런 도움도 되지 않았다. 예를 들어, 나는 피곤에 지쳐 있을지라도 무거운 가방을 직접 메고 다녀야 했다. 왜냐하면 그들은 내게 신체적 훈련이 필요하다고 보았고 내가 피곤해하는 것이 궁극적으로는 긍정적이라 생각했기 때문이다. 물리치료사는 내 몸의 근육이 더욱 수축하는 것을 방지하기 위해 나의 팔다리를 아플 정도로 당기고 비틀었지만, 그것은 결국 나를 위한 것이라 말했다. 이는 1980년대의 일이다. 그때의 원칙은, 지금은 적용되지 않는다.

나는 분노하는 아이였고, 지금도 여전히 분노한다. 당시의 내가 분노한 이유는 내가 아닌 타인이 나 자신에 관해 더 잘 아는 것처럼 행동한다는 사실 때문이었다. 잘 모르는 낯선 어른이 보여 주는 친밀감은 내 마음대로 거부할 수 없는 것이었다. 그 때문에 그들의 의도는 내게 선하게 다가오지 않았고, 오히려 권위와 통제로 여겨졌을 뿐이었다. 나는 홀로 있는 시간을 거의 누리지 못했던 어린이였다.

어린이의 삶을 산다는 것은 타인의 눈을 의식하지 않고 온전히 자기 자신의 모습으로 여유롭게 세상을 산다는 것을 의미한다. 타인의 시선을 받는다는 것은 가시적 대상으로 살아간다는 것을 의미하며, 외부의 시선으로 자기 자신을 바라본다는 것은 스스로를 통제할 수 있는 훈련을 해야 한다는 것을 의미한다.

아이들은 하루 종일 무엇을 하며 시간을 보낼까? "특별히 하는 건 없어요." 이것은 어른들의 질문에 대한 대답이다. 바로 그 때문에, 아이들은 어른들이 보고 있는 동안 '특별히 하는 건 없는' 일을 할 수가 없다. 즉, 타인의 눈, 성인 어른들의 눈앞에선 무엇인가를 해야만 한다는 말이다.

타인의 시선은 훈육과 통제를 의미한다.

타인의 시선, 성인의 시선은 시간을 더욱 가시적으로 만든다. 여기에서 여기까지의 시간. 학교의 수업과 수업 간의 시간. 쉬는 시간은 대기 시간이다. 대기 시간은 수많은 분과 초로 이루어져 있다. 책상과 벽 사이를 왔다 갔다 하고, 책장에서 책 한 권을 꺼내 든다. 책상 앞에 앉아 창밖을 바라본다. 시간은 흐르지만, 흐르는 시간을 인지할 수 없다. 세상을 여유롭게 대하는 꿈을 꾼다. 자유로운 삶을 꿈꾼다.

*

내가 낭만화를 하고 있는가? 어른들의 시선을 의식하지 않고 통제되지 않는 이상적인 삶을 사는 어린이가 존재하는가?

물론, 나는 낭만화를 하고 있다. 나는 지금 과거의 꿈에 관해 글을 쓰고 있다. 꿈꾸던 삶에 관해 쓰고 있다. 나는 지금도 여전히 그때와 같은 꿈을 꾸고 있다. 완전한 움직임의 자유. 언어의 한계와 신체의 한계를 넘어선 자유.

나는 가끔 이 자유의 공간 속에 들어선다. 내가 자유를 경험할 수 있는 이 구체적인 공간은 바로 물속이다.

우리 가족은 매주 토요일이면 정원 도시인 울레볼 하게 뷔 변두리에 자리한 베르그 농장을 방문했다. 베르그 농장의 지하에는 온수 수영장이 있었고, 토요일 오전은 이 수영장에서 완벽한 자유를 경험하는 시간이었다.

수영장 물속에선 넘어질까 봐 걱정하지 않아도 되었다. 어설픈 동작이나 실수를 할까 봐 걱정할 필요도 없었다. 나는 수영을 잘하지는 못했다. 하지만 개헤엄은 칠 수 있었다. 지금도 마찬가지다. 물론 바닷물 속에 뛰어들 자신은 없다. 그러나 따스한 수영장 물속에서는 집에 온 듯 편안하게 느낀다. 베르그 농장의 수영장에서는 물속에 뛰어들 수도 있고, 한 발로 서 있을 수도 있으며, 빙글빙글 돌며 헤엄을 칠 수도 있다. 나는 그곳에서는 자유의 몸이 될 수 있었다.

학교에서도 다른 아이들이 체육 수업을 하는 동안 나는 베르그 수영장으로 향했다. 그런 날이면 분위기는 사뭇 달랐다. 미니버스를 타고 수영장으로 향했던 아이는 나뿐만 아니라 특수 학급에 속하는 다른 아이들도 있었다. 그 아이들은 진실로 여느 아이들과는 달랐다. 나처럼 달랐던 것이 아니라, 침을 흘리고 소리를 지르고 손발을 휘젓는 아이들이었다. 나는 그들처럼 될 수 없었다. 아니, 아무도 그들처럼 될 수 없었을 것이다. 그것은 나를 덮친 새로운 형태의 분노였으며, 동시에 새로운 형태의 도덕적 경험이기도 했다.

약자도 나약함을 경멸할 수 있다.

*

시선을 통해 응시하는 과정에서 가장 먼저 일어나는 일은, 응시의 대상이 자신에게 향하는 시선의 의미를 예리하게 인식한다는 것이다. 응시의 대상자가 준비와 기대로 무장하고 있을 경우에는 응시의 관계적 측면을 더욱 쉽게 감당해 낼 수 있다.

로즈마리 갈런드-톰슨(Rosemarie Garland-Thomson)

나에게 캘리포니아는 새로운 언어를 배운 장소, 하나의 시간과 공간이다. 2005년 처음 캘리포니아를 방문한 이

후 기회가 닿을 때마다 그곳을 다시 가 보았다. 왜냐하면 그곳은 생각할 수 있는 곳, 나 자신을 돌아볼 수 있는 곳이었기 때문이다.

나는 내가 어떤 '우리'에 속해 있는지 바라보기 시작했다. 로즈마리 갈런드-톰슨은 평범하지 않은 이들의 역설적인 공유 경험에 관한 글을 썼다. 우리는 '우리'에 속하지 않은 사람들이며, 우리는 그것을 매우 잘 알고 있다.

나는 박사과정 중 이러한 것들에 관해 처음 글을 썼다. 나는 나 자신을 이해하고 싶었지만, 동시에 이러한 것들에서 거리를 두고 싶었기에 학문적 범주 내에서 학문적 언어를 사용했다.

나는 여러 종류의 단체, 서로 다른 신체와 문제 및 질병을 지닌 사람들과의 인터뷰를 통해 나와 그들과의 동질성을 인지할 수 있었다. 그들은 세상 속에서 어떤 이들과 동질성을 지니고 있으며, 또 자기들이 어떤 위치에 있는지 잘 알고 있었다. 그들 중 한 명은 이렇게 말했다. "그 어느 누구도 현실의 이면에 자리한 우리의 상황에 관해 알고 싶어 하지 않아요." 우리 중 어떤 이들에겐 선택권조차도 없었다. 우리는 단지 우리를 응시하는 타인의 시선을 받아 낼 뿐이다.

마크 오브라이언은 세상을 떠날 때까지 휠체어에 의지해 살았다. 나 역시 휠체어에 의지해 살아야 하고, 앞으로도 계속 그럴 것이다. 그와 나는 무력함이라는 공통점이 있다. 무력하다는 것은 타인이나 조력 기관에 의지해야 한다는 것을 의미한다. 동시에 타인의 시선이 머무르는 하나의 대상물이 된다는 것도 피할 수 없는 사실이다. 로즈마리 갈런드-톰슨이 말했던 '응시'는 바로 이것을 말하는 것이다.

타인의 시선이 머무르는 하나의 대상물이 되면 자기 자신에 관한 자의적 의식, 즉 주변의 기대에 따라 항상 사전에 조율된 의식을 발전시킬 수밖에 없다. 이것은 자의와는 상관없이 타인에 의해 이미 만들어진 삶의 한 형태 속에 내가 배치된다는 것을 의미한다.

*

마크 오브라이언은 소아마비 환자였다. 소아마비 백신이 널리 보급되기 직전에 소아마비에 걸린 기구한 형태의 우연이었다고나 할까. 나의 근육 질환은 유전자 변이라는 또 다른 형태의 우연에 기인한 것이다. 삶은 이런 것이다.

내가 태어난 1981년에는 이러한 삶을 전혀 예상할 수 없었다. 그것은 지금도 마찬가지다. 유전자 속에 숨겨진 어떤 조건들은 식별이 가능하다. 이 글을 쓰고 있는 지금 이 순간, 과거의 꿈은 현실에 조금씩 더 가까이 다가오고 있다. 그 꿈은 바로 배아에서 돌연변이 요소를 뽑아내 유전자 코드를 수정하는 것이다. 마치 내가 이 글을 수정할 수 있는 것처럼. 인생은 예측할 수 없고 돌연변이는 자연적으로 갑자기 생성될 수 있다. 어떤 면에서 보자면, 이 예측 불가능함이 우리의 삶이 아니겠는가. 찰스 다윈은 "이러한 관점에는 무언가 거대한 의미가 자리하고 있다"라고 말했다. 나는 그의 말 속에 담긴 의미를 변이시켜 나의 것으로 만들어 보고자 한다.

바이러스성 질병과 유전적 질병의 공통적 결과는 신체적 결점 또는 취약함을 초래한다는 것이다. 물론 의학적, 유전적, 임상적 시선으로 바라본다면 이 두 형태의 질병을 명백히 구별할 수 있다. 하지만 세상은 그렇지 않다. 세상은 단지 허약하고 삐삐 마른 팔과 기괴하게 뒤틀린 다리와 커다랗고 묵직한 휠체어에 앉아 있는 왜소한 신체를 볼 뿐이다. 나는 휠체어에서 몸을 일으키는 행위, 발걸음을 내딛는 행위로 그들을 놀라게 할 수도 있다. 그들은 나를 보며 '휠체어에 의지해 사는 사람들은 모두 하체가 마비된 사람이 아니었던가, 혹시 그에게 기적이 일어난 건 아닐까'라고 생각하기에 놀라는 것이다.

간단한 일은 아니다. 이 세상에는 서로 완벽하게 동일한 질병이 존재하지 않는다. 진단은 운명이라 할 수 없다. 하지만 그것을 운명이라 믿는 것은 매우 쉽다. 그렇게 믿어 버리는 것이 세세하게 따져 가며 살펴보는 것보다 훨씬 쉽지 않은가. 그렇다면 분리되어서는 안 될 것들을 분리하고, 전혀 다른 것들과 혼동을 일으키기도 하는 이 시선, 꿰뚫어 보듯 날카로우면서도 무심하고 단조로운 이 시선은 도대체 무엇인가?

나는 내게서 한 발짝도 벗어날 수 없다. 자신과 다르다는 이유로 타인을 응시하는 사람들처럼 온전한 평범함을 누릴 수 없다. 하지만 시도해 볼 수는 있을 것이다. 그 시도 과정에서 전혀 예상치 못한 일이 일어날지도 모르는 일 아닌가. 나는 어디서 나를 찾을 수 있을지, 또 어디로 가야 할지 알기 위해, 내게서 자취를 감춘 나는 누구인지, 내가 떠나왔던 나라는 어떤 땅인지 알고자 한다. 나는 내가 어떤 사람이 되었는지 더 명확히 보

기 위해 과거 내가 어떤 사람이 되고자 했는지 알고자
한다.

*

시선과 권력은 오랜 역사를 공유한다. 로즈마리 갈런
드-톰슨은 철학자 미셸 푸코(Michel Foucault)의 뒤를
이어 기관적 시선, 임상적 시선, 그리고 그 시선의 대상
이 된 우리에게 어떤 일이 벌어지는가에 관해 글을 썼다.

SF 영화 속에서는 흔히 유인광선을 장착한 비행물체를
볼 수 있다. 이것은 대상을 마비시키고 끌어당기는 강력
한 광선이다. 정체를 알 수 없는 비행물체는 광선에 의
해 마비된 대상에게 다가가 실험을 시작한다. 나는 이것
이 하나의 이미지이자 메타포일 뿐이라고 내게 스스로
상기시켜야 한다. 그것은 어쩌면 내가 휠체어를 처음 사
용한 날부터 나 자신이 흔히 사이보그라고 불리는 사이
버네틱스 유기체라는 생각을 했기 때문인지도 모른다.
나의 유기체적 신체와 내가 움직이기 위해 사용하는 기
계 사이의 경계는 명확하지 않다. 누군가가 나의 휠체어
에 부딪치면 나의 맥박수는 자동적으로 빨라진다. 그것
은 나의 본능적인 반응이다. 나는 다른 사람들의 자유로
운 상상과 다듬어지지 않은 실험적 사고 속에서도 냉정
한 현실을 쉽게 찾아낼 수 있다.

총체적 기관은 각각의 개인을 응시하고, 그들을 기관의
통제하에 둔다. 이러한 통제와 감시를 묘사하는 푸코의
유명한 이미지는 실용주의의 아버지라 불리는 제러미
벤담(Jeremy Bentham)의 파놉티콘(Panopticon)에서 영
향을 받은 것이다.

파놉티콘은 벤담이 고안한 이상적인 감옥의 형태이다. 원형으로 설계된 이 감옥의 정중앙에는 교도관의 자리가 있고, 이를 둘러싸며 원형으로 자리한 죄수들의 감옥에는 바퀴가 달려 있다. 죄수들은 교도관의 시선이 언제 자신에게 향할지 알 수 없기 때문에 항상 행동에 조심할 수밖에 없다. 마치 항상 누군가에게 감시를 당하듯. 파놉티콘의 요점은 바로 이것이다. 시선은 지속적인 규율을 의미한다. 시선의 대상이 되는 신체의 움직임은 생각과 사고에 의해 통제된다. 타인의 시선이 언제 자기에게 머무를지 모르는 사람들은 항상 이를 대비해 규칙과 규율에 따라 행동하기 마련이다. 1800년대에 대두된 이 개념은 당시 감옥뿐 아니라 학교 및 각종 전체 기관의 이상적 형태로 받아들여졌다.

나는 기관이나 수용 시설과는 상관없는 삶을 살았다. 있다면 다른 아이들과 마찬가지로 유치원과 학교에 다녔던 것뿐이다. 하지만 항상 다른 아이들과는 상관없는 특수 기관의 영향 아래서 살아왔다. 나는 의사나 물리치료사의 진료 및 치료를 받았던 기억이 있다. 그 기억 속의 나는 불과 예닐곱 살에 불과했으며, 항상 조금 서늘하다 싶은 방 안에서 속옷 차림으로 서 있었다. 어떤 이들은 나의 팔과 다리 근육을 만져 보기도 했다. 방의 이쪽 끝에서 저쪽 끝까지 걸어갔다 다시 와 보라고 요구하는 이들도 있었다. 나는 항상 그들의 시선 아래에 있었으나, 당시에는 그 이유를 알지 못했다. 그 일이 끝나면 부모님과 함께 집으로 돌아왔다.

이러한 기억들은 이상할 정도로 단편적이고 특수하다. 반면 어린 시절 여름 별장이나 집 안에서의 다른 기억들은 마치 시간을 초월해 물이 쏟아지듯 내게 밀려오며, 각각의 경계가 희미해 가끔은 마치 길고 긴 여름날 하루에 모두 일어난 일들처럼 여겨지기도 한다.

의학적 기억 조각 속에서는 '카이로스'와 '크로노스'가 자리바꿈을 한다. 순간은 시간의 경계 너머에서 한 뭉치의 외과용 집게로 고정되어 있는 반면, 어린 시절 일상의 기억은 존재적 친밀감과 전체적 유대감으로 가득 차 있다. 이 일상적 기억들은 나의 어린 시절의 기억 중에서 그리 큰 부분을 차지하진 않지만 온전히 보호되어 있고, 앞으로도 그러할 것이다.

나는 종종 부모님에게 나 같은 아이를 자식으로 두었기에 삶이 고달프지 않았느냐고 여쭈어 보기도 했다. 부모님은 이 질문을 마주할 때면 한참을 뜸들인 후에 대답을 하며, 가급적이면 나와 연관시키는 것을 피하려 했다. 아버지는 우리가 살았던 집 중 하나인 빨간 스위스식 빌라를 들며 "난 실질적으로 그 집의 경비원이자 일꾼이었지"라고 이야기하곤 했다. 그 집을 수리했던 부모님은 1979년 내셔널트러스트가 수여하는 건축보존상을 받았다. 부모님은 예나 지금이나 팀을 이룬 동료였으며, 나는 그들의 직업의식과 윤리를 물려받았다.

이제 우리는 현재뿐 아니라 과거의 힘든 삶에 관해 이야기할 수 있다. 그 전제 조건은 현재 우리가 삶에 만족할 수 있어야 한다는 것이다. 이제 나는 오롯이 나만의 삶을 살 수 있게 되었을 뿐 아니라 한 아이의 아버지가 되었고, 우리는 마침내 목청을 높여 이구동성으로 외칠 수 있다. 그때는 꽤 고달팠다고.

그것은 매우 절제된 표현이지만, 우리는 그 이상의 말은 하지 않았다. 우리 가족의 분위기와는 거리가 멀었기 때문이다. 우리에겐 다른 여느 노르웨이 가족들과 마찬가지로 칼뱅주의의 피가 흐르고 있었다. 잘 살아왔다는 말은 하지 않는 것이 좋다. 이 세상 그 어느 것도 영원한 것은 없으니까. 사람들은 노력과 수고를 통해 만족감은 물론 자신을 위한 보호 영역을 창조해 낼 수 있다. 하지만, 그것도 잠시뿐이다.

나는 가끔 날카롭게 관통하는 듯한 작은 일들을 제외하고선 보호의 테두리 속에서 어린 시절을 보냈다. 내가 아직도 알 수 없는 것은 내가 왜 그토록 큰 거리감을 경험했는가 하는 것이다. 나는 항상 나였고, 항상 나의 몸을 소유해 왔다.

진료 상담실을 들어가기 전이나 나온 후나, 내가 선천성 근육 질환을 앓는다는 사실은 변하지 않았다. 나는 휴가나 방학을 맞아 집 밖에서 시간을 보낼 때도 휠체어에서 떠나지 않았다. 우리 별장에는 밤에 휠체어를 보관하는 지하실이 있었다. 친구의 집 앞이나 가게 앞에 휠체어를 주차할 때면, 휠체어가 마치 목줄을 매어 놓은 반려견처럼 여겨졌다. 그 때문에, 가끔 그곳에 휠체어를 주차해 놓았다는 사실을 잊어버릴 때면 양심의 가책을 느끼기도 했다. 삶을 낯설게 만드는 요소는 일상 속에 존재하지 않는다. 그것은 외부로부터 오는 것이다.

*

현대 의료기관의 헬스케어 시스템에서는 인간을 근본적이고 포괄적인 요소에 바탕을 둔 분석적 시선으로 바라본다. 과거에는 질병을 매우 사적이고 은밀하게 다루었고, 질병은 각 개인의 성향이나 삶의 환경 때문에 생겨나는 것이라 믿었다. 이러한 관점은 전체론적으로 다루어야 했던 전체론적 변수였다. 그 결과로 의사들이 목숨을 구한 환자의 수나, 그렇지 않은 환자의 수가 비슷했다는 것은 결코 이상하지 않다.

현대 의료기관은 질병과 진단에 관한 지식이 총체적으로 결집되는 곳으로서 고안되었다. 사람이 비슷하다 해서 비슷한 방식으로 치료하는 것은 더 이상 되풀이되지 않을 것이다. 오직 병이 동일할 때에만 동일한 방식으로 치료될 것이다. 귀족이나 평민, 루아르의 남성이나 로포텐의 여성이라도 동일한 병을 앓는다면 동일한 방식으로 치료되어야 한다.

마크 오브라이언과 나는, 총체적 기관의 통제적 시선과 임상기관의 관통하는 시선이 교차하는 지점에 서 있다. 그러기에 우리가 일찍부터 신체뿐 아니라 스스로의 연약함과 취약성을 혐오했던 것은 그리 이상한 일이 아니지 않은가?

눈으로 볼 수 있고 말로 설명할 수 있는 것은 이름 없는 것들을 억압하고 배제한다. 하지만 이름을 얻지 못한 것이 사라진다는 말은 아니다. 기관의 시선 속에서는 인간으로 살아가기기 쉽지 않다. 왜냐하면, 기관은 그들이 보지 못하는 것들을 받아들이지 않기 때문이다. 1970년대 영국에서는 오브라이언처럼 비자발적으로 오랫동안 마지못해 보호시설에 살아야 했던 젊은이들이 돈과 권력, 노동 생활에 대한 접근을 위해 투쟁하기 시작했다. 가장 상처받기 쉬운 미스터리를 탐색할 수 있는 사적인 공간, 친밀감과 개인의 성을 위한 프라이빗 룸의 필요성이 이슈로 떠오른 것은 그로부터 한 세대가 지난 후였다.

나는 이 일에 왜 그토록 오랜 시간이 걸렸는지 이해할 수 있을 것 같다. 투쟁을 이어 나가며 현재보다 더 취약해지지 않기 위해서는 확고한 기반이 필요하기 때문일 것이다. 나 또한 그 필요성을 인지하고 있으니까. 나 역시 모든 사람들은 적어도 하나 이상의 분야에서 두각을 나타낼 수 있고, 그 일을 잘 해낼 수 있다는 것을 보여줄 필요성이 있다고 생각한다. 잘못된 것은 단지 불공정하게 설계된 게임의 규칙뿐이다. 내가 글을 쓰는 이유는 세상을 더 잘 이해하고 싶기 때문이다. 그리고 세상에 더 확실한 요구를 하기 위해서는 스스로 강해져야 한다.

나는 여전히 이러한 충동을 느낀다. 모든 것이 꼭 그랬으면 싶고, 나의 권리를 알고 싶다. '권리'가 옳지 않은 단어로 규정되는 분야, 즉 합리성이 포기되는 분야에 대한 호기심이 점점 더 깊어진다. 마크 오브라이언의 책을 처음 읽었을 때, 강렬한 불쾌감이 나를 덮쳤다. 그는 여러 가지 이유에서 나의 그림자가 되었다. 가장 중요한 것은 그가 신체에 관한 자기혐오를 말로 표현했다는 것이고, 나는 그것을 인지하는 내 자신을 부정하고 싶었다.

오브라이언은 『섹스 대리인과의 만남에서(On Seeing a Sex Surrogate)』라는 에세이에서 '치료사나 간호사, 또는 의사가 아닌 사람에게 창백하고 야윈 내 몸과 구부

정하게 굽은 등, 빨래판처럼 툭 튀어나온 갈비뼈와 대퇴
골……'을 보여 줘야 하는 두려움을 적었다.

나는 특히 그 부분을 읽었을 때 아픔마저 느꼈다. 왜냐
하면 그는 임상적 시선으로 자신의 기괴하게 뒤틀린 신
체 부위를 보았고, 임상적 언어로 그것을 묘사했기 때문
이다. 그러한 시선 아래에서, 이 세상에 혐오스럽지 않
게 보일 몸이 어디 있겠는가?

오브라이언의 에세이는 저항에서 의미를 찾을 수 있다.
이것은 타인과 함께 이룬 그의 첫 성 경험이었다. 그의
파트너였던 여인은 돈을 목적으로 신중하게 고객을 골
랐고 그 결과로 오브라이언을 선택했으며 그에게 성적
경험을 제안했다. 그것은 취약함과 자유의 갈구, 자기
수용의 형태를 다루고 있다. 그의 에세이 또한 이러한
관점에서 탄생되었고 여전히 이러한 관점에서 읽히고
있다.

나는 그의 에세이에서 또 다른 불편함을 읽었다. 그의
글 속에서 내가 항상 두려워했던 것, 진실한 사적 친밀
감의 부재를 보았기 때문이다. 나는 취약함을 곧이곧대
로 바라보는 일을 꺼렸을 뿐 아니라 오브라이언이 드러
냈던 모든 불편함을 내게서도 발견할 수 있기에 두렵기
까지 했다. 단적으로 말하자면, 그는 돈을 주고 성 경험
을 했다고도 할 수 있다. 섹스 대리인이라는 단어를 치
유적으로 사용하고 신체를 상품화하는 담론을 억압한
다고 해서 그의 글이 저항과 승리를 의미한다 할 수 있
을까? 만약 내가 지금보다 훨씬 더 외롭고 더 고독한 삶
을 살았더라면 나도 그와 같은 행위를 했을까? 그리고

그런 나를 설명하고 변명하기 위해 그와 마찬가지로 임상적 언어와 임상적 시선을 사용했을까?

*

어느 날 록펠러의 한 토론회에 패널로 참가해 달라는 전화를 받았다. 토론회에서는 마크 오브라이언의 에세이, 더 정확히 말하자면 에세이의 근거가 된 그의 경험을 주제로 한 〈더 세션(The Sessions)〉이라는 영화가 상영될 예정이었다. 이상한 구조라 하지 않을 수 없었다. 배우의 선정과 역할을 신뢰하기는 쉽지 않았다. 오브라이언의 신체는 매우 독특했다. 그의 역할을 맡을 배우, 즉 과연 실제로 소아마비를 앓고 열두 살 아이보다 몸무게가 더 적게 나가는 배우를 찾을 수 있을까?

인터넷 영화 데이터베이스(IMDb)에서 찾아본 바에 의하면, 그 영화의 주인공 역할을 맡은 배우는 존 호크스(John Hawkes)였고, 그의 키는 178센티미터였다. 몸무게는 오브라이언보다 적어도 세 배는 더 나갔을 것이다. 영화는 배우의 몸을 가능한 한 적게 촬영하고, 주로 그의 머리에 카메라를 집중시킴으로써 이 상황을 피했다. 그렇게 함으로써 환상과 착각이 만들어졌다. 주인공은 가만히 누워, 제한된 폐활량 때문에 고생하는 듯 어눌하게 대사를 뱉어 냈다.

은밀하고 사적인 친밀감과 취약함 그리고 전혀 보편적이지 않지만 보편적인 인간성을 그린 영화가 자주 그러하듯, 이 영화 또한 오스카에 노미네이트되었다. 오브라이언의 경험은 너무나 특이하고 독특해서 나조차도 거리감을 느끼게 만들었다. 나는 그와 나를 동일시할 수 없었고, 동일시되는 것도 받아들일 수 없었다. 그의 취약성은 너무나 극단적이었다. 극단적 삶의 경험이 하나의 이야기가 될 경우, 그 이야기를 전하는 화자에게는 설사 경험의 주체와 동일하다 할지라도 그 경험을 폭력적으로 묘사할 위험성이 따른다. 언어철학자 루드비히 비트겐슈타인은 개인적이고 사적인 언어로 감정을 묘사하는 것이 불가능하다는 이야기를 한 적이 있다. 언어에 덧칠을 하는 것은 독자나 청자의 세상과 그들의 기대감을 충족시키기 위한 목적에서 벗어날 수 없기 때문이다.

그럼에도, 〈더 세션〉이라는 영화는 관련 기관과 이익단체의 입장에서 보았을 때 보편적으로 여겨질 수도 있다. 영화는 기본적인 인간의 권리를 이야기할 때 빠질 수 없는 성매매법은 물론 모든 문제적인 것과 도전적인 것에 관해 이야기하고 있기 때문이다. 내겐 기관과 단체에 속하는 이름, 즉 박사라는 타이틀이 있기에 이 토론회에 패널로 초청이 되었다. 나는 요청을 거부할 수 없었다.

토론회에 참석하고 싶지 않았지만 선택의 여지가 없다고 생각했다. 그 까닭은 무엇일까. 내게 책임감이라는 것은 너무나 강하게 자리 잡고 있기에 밝힐 필요가 없다. 푸코에 의하면 책임감은 담론적으로 그 주체를 지배한다고 했다. 즉, 책임감은 그 주체가 생각하고 말하고 행위하는 방식에 조건을 부여한다는 것이다. 책임감은 항상 신제적인 조건을 포함하기에 내가 굳이 따로 결정을 내리지 않아도 된다. 내가 하는 행위, 내가 해야 하는 행위는 모두 책임감에서 나온다. 나는 어떤 일을 하기 전에 자주 밤잠을 이루지 못한다. 예를 들어 가기 싫은 곳에 가야만 할 때, 낯설고 외딴곳에서 강의를 해야 할 때, 불편하고 거북한 곳에서 열리는 컨퍼런스에 참석해야 할 때면 그 전날 밤잠을 이루기가 쉽지 않다. 하지만 이처럼 몸이 반항할지라도 결국엔 책임감이 이기기 마련이다. 그렇지 않다면 지금의 나는 존재하지 않았을 것이다.

이다는 아직도 나의 반감이 어디서 생겨나는지 이해하지 못한다. 하지만 이다도 곧 알 수 있으리라. 우리가 그곳에 도착하면 다시는 그곳에 발을 들이고 싶지 않은 나의 두려움을 이다도 이해할 수 있을 것이다. 1932년에 제작된 토드 브라우닝(Tod Browning)의 영화 〈프릭스(Freaks)〉를 보면 서커스 단원들이 나오는 장면이 있다. 기괴한 신체, 혐오적 공동체 속에서 그들은 악몽처럼 선명하게 말한다. "구블 고블, 구블 고블. 우리 중 하나. 우리 중 하나."

그곳에는 너무나 적은 수의 몸이 너무나 많은 그림자를 만들어 냈다. 이다는 처음에 그 거부감을 이해하지 못했다. 왜 그곳의 대화는 그처럼 추상적이며 삶과 동떨어져 있는지. 그 강당 안은 휠체어와 보조 보행기로 가득했다. 그런 영화가 상영된 후엔 마치 정치적 메시지나 공개 보고서를 읊듯 무미건조하게 섹스와 사적 친밀감에 관해 이야기할 수밖에 없었다. 우리는 인간의 취약함을 보았지만 여전히 거리감을 두었으며, 이에 관해 진실된 대화를 나눌 수가 없었던 것이다.

토론회가 끝난 후, 우리는 강당 앞에 서서 다른 패널 참석자들, 그리고 나의 이야기를 듣기 위해 따라왔던 친구들과 모여 서서 가벼운 대화를 나누었다. 바로 그때, 이다는 그들이 자신을 나의 연인으로 바라보지 않는다는 것을 깨달았다. 나는 휠체어에 앉아 있었고, 이다는 휠체어 옆에 서 있었다. 그 때문에 그들은 이다를 나의 연인이 아니라 장애인활동지원사로 생각한 것이다. 나의 일상적 행위를 돕기 위해 고용된 사람. 그 순간부터 악몽은 내 것이 아니라 이다의 것이 되었다.

록펠러에 장애인활동지원사 자격으로 왔던 사람은 그 누구도 자신의 이름으로 소개되지 않았다. 그들은 적어도 한 번 이상 "이분은 저의 팔과 다리입니다"라는 말로 소개되었다. 그것은 스스로를 진보적이라고 생각하는 사람들이 유머러스하게 의도한 정치적 주장이다. '아닙니다!' 이다는 이렇게 소리치고 싶어 했다. '당신은 이미 팔과 다리가 있습니다! 당신 옆에 서 있는 분은 사람입니다. 나 또한 사람입니다. 그리고 이 휠체어에 앉아 있는 사람은 나의 애인입니다!'

그 순간 내가 하고 싶었던 말은 바로 이것이었다. '그렇게 큰소리로 외칠 필요는 없잖아. 부탁이야. 지금은 때가 아니야. 장소도 적절치 않아.' 하지만 엄밀히 말하면 그때, 그 장소가 아니라면 언제 그런 말을 오해를 사지 않은 채 공개적으로 할 수 있겠는가. 그들은 도움이 필요한 사람들이고 나처럼 필요한 도움을 얻었던 사람들이다. 하지만 이 도움은 감정을 원칙적으로 배제한 채 필요충분조건만 내세우는 일련의 지원 기관으로부터 나온 것이다. '팔과 다리'는 원본만큼 좋은 대체품을 만들어 낼 수 없는 이들 지원 기관의 사고방식에 들어맞는 말, 즉 대리적 메타포라 할 수 있다. 대리적 다리는 걸음을 옮기고, 대리적 팔은 신문을 집어 올리고, 대리적 동반자는 사적 친밀감을 대체할 수 있는 행위를 제안한다.

이다와 나는 다른 연인들처럼 연인이다. 우리는 다른 연인들과 같다. 하지만 우리는 연인처럼 보이지 않는다. 이다는 나의 첫 연인이고, 내겐 익숙하지 않은 점도 많지만, 단 한 번도 우리가 서로를 위해 존재한다는 생각에 의심을 품은 적은 없다. 이러한 의심은 외부로부터 오는 것이다.

그럼에도 나는 두 가지 상반된 현실이 서로 맞부딪치는 것을 감지할 때가 있다. 나는 마크 오브라이언의 책과 영화를 보며 여전히 그와 동질감을 느끼지만, 그와는 완전히 다른 삶을 살기 시작했다는 것이다. 나는 이미 무언가와 작별을 하기 위해 거리를 두기 시작했다. 작별을 하는 순간 그것이 무엇인지 더 선명하게 알 수 있을 것이며, 심지어는 지금까지 단지 신체적 경험에만 한정되었던 그 무엇을 언어로 표현할 수도 있을 것이다.

*

푸코는 임상적 시선이 대상이 아닌 그 자체로 종속되는 주체를 만들어 내며, 시선을 받는 이들, 즉 종속된 주체는 도덕적 부담과 명령을 경험하게 된다고 말한다. 주체는 항상 자기 자신에 관해 설명한다. 그는 행위의 주체로서 그 행위가 자기 자신의 결정하에 이루어진다고 배운다. 따라서 주체는 자신이 속한 상황 속에서 오롯이 홀로 행위에 대한 책임을 져야 한다고 믿는다. 자기 결정권이 없는 행위에 대해 책임을 지는 것이다. 그 결과로 죄책감은 내면화되며 이것은 결국 수치심으로 이어진다.

시선의 대상이 되는 존재는 그 사실을 알고 있으며 시선의 주체, 즉 권력 행사자의 한계에 대해 스스로 책임을 진다. 이러한 두 가지 역할을 동시에 수행하는 권력 관계를 자신에게 주입함으로써 스스로 종속의 원칙이 된다.

스스로를 타인의 종속적 존재로 여길 경우 이에 저항하기 위해선 무엇을 해야 할까? 타인의 신체 일부, 예를 들어 팔과 다리 등 보조적 기구로 전락시키는 일? 나는 이 말이 그리 낯설지 않다. 잘 이해하고 있다는 말이다. 하지만 세월이 흐를수록 이 말은 점점 내게서 낯설어진다.

섹스 대리인이라는 말 또한 수사학적으로 동일하게 분류할 수 있다. 임상적 기관에 종속되기를 거부하고 제도적 권력에 저항하고 싶어 하지만, 기관과 권력이 사용하는 중립적이고 기계적인 언어를 차용함으로써 결국은 실패할 운명에 처한다. 그것은 대항 권력을 정립하고 이에 통제권을 부여함으로써 궁극적으로는 힘이 없는 자들에게 자유와 정체성 그리고 자율성을 생성시켜 주는 저항의 수사학이다. 걸을 수 없는 자들은 타인의 다리를 빌리고, 팔을 움직일 수 없는 자들은 타인의 팔을 사용하는 것이다.

이러한 방식의 투쟁에서 이길 수 없는 이유 중 하나는 언어가 그 원어에서 파생된 너무나 많은 흔적을 지니고 있기 때문이다. 보크몰* 사전에 의하면, 대리 또는 대용이라는 단어의 뜻을 (수준 낮은) 대체물 정도로 표기하고 있다. 대체물이라니? 도대체 우리는 누구를 물건에 비교해 칭할 수 있단 말인가? 또 다른 이유는 이 대리 또

---

* 노르웨이에서 사용되는 두 언어 중 하나.

는 대용이라는 단어가 대상 물체 또는 존재에서 찾아볼 수 있는 유일한 의미를 제거하기 때문이다. 즉, 우리의 신체는 이 세상에서 찾아볼 수 있는 유일한 것이며 대체 불가능하다. 따라서 이를 대체한다는 것은 그것을 제거하는 것과 마찬가지이다.

저항은 다른 곳에서 올 수밖에 없다. 대체적 언어는 주머니 속에 갇힌 현실이며, 항상 전쟁 상태이기 때문에 치커리와 빵 껍질로 연명하는 삶이 정상이라 믿는 그늘진 현실이라 할 수 있다. 주머니 속에 갇힌 현실, 그늘진 현실은 동굴 밖의 삶이 너무나 멀고 낯설기에 차용할 수밖에 없는 희미하고 색이 바랜 대체적 일상의 시뮬레이션에 지나지 않는다. 사람들이 대체물, 대리물, 대용물 등을 이야기하는 까닭은 진실하고 진정한 현실을 손에 넣을 수 없다고 여기기 때문이다.

지원 기관은 선의의 의미 있는 후속 조치라는 표현으로 그러한 언어를 끊임없이 쏟아 낸다. 만약 삶의 질을 음수로 측정할 수 있다면 그 삶이 0이라는 수 또는 최상의 여건 속에서 정상적으로 작동할 수 있다고 말할 수 있을 때까지 지원 기관은 해당 주체를 지원하고 상당한 후속 조치를 한다. 지원 기관의 지원을 받은 주체가 (수준 낮은) 대체물에 의해 꿈을 대신할 수 있다는 사실은 매우 매력적으로 보이지만, 세월이 흐른 후에 돌아보면 이것은 삶의 궁극적인 목표와 혼동될 수도 있다는 단점이 있다.

*

록펠러에서 개최된 토론회에 참석한 지도 두 달이 지났다. 이다와 나는 캘리포니아에 한 달 동안 머물며 글을 쓰기로 했다. 나는 '신체의 언어'라는 제목으로 글을 쓸 예정이다(그때까지만 하더라도 신체보다는 언어에 관심이 더 많았다). 가끔 그러하듯, 이번에도 책이 형태를 이루기 전에 제목부터 정해 놓았다.

캘리포니아 버클리에서는 3월에도 야외에 앉아 있을 수 있다. 우리는 샤턱 애비뉴의 임페리얼 티 코트의 높다란 뒷마당에 앉아 영상 20도의 기온을 만끽하며 태평양에서 불어오는 상쾌한 봄바람을 즐겼다. 가끔 주방에선 기름에 튀긴 딤섬 냄새가 흘러나왔다. 이다는 그곳에서 파는 알싸한 생강 맥주를 좋아했다. 우리는 그곳에 몇 시간이고 앉아 글을 썼다. 오후가 되면 학교 수업을 마친 동네 아이들이 아래층 가게에서 아이스크림을 사 먹으며 재잘재잘 수다 떠는 소리도 들을 수 있다.

지붕과 출입문을 동양적 문양으로 장식한 그 건물은 지진에도 잘 견딜 수 있도록 튼튼하게 지어졌다. 뒷마당의 높다란 평지로 오르는 경사로는 완만하며, 이 지역에 있는 건물 대부분이 그러하듯 휠체어 사용이 매우 용이하다. 동네 아이들은 경사로의 난간을 짚고 몸의 균형을 잡거나 하늘을 향해 꽃봉오리를 폭발하듯 터뜨리는 야자수 가지를 향해 손을 뻗기도 한다. 화창한 햇살이 더욱 강렬해지는 오후로 접어들면 저 멀리 바다에서 생겨났던 실안개도 자취를 감춘다. 우리는 거의 대화를 나누지 않지만 가끔 고개를 들어 눈을 맞추고 미소를 짓는다. 우리가 함께 있다는 것을 확인이라도 하듯. 그날은 현실과 우리의 시야가 동일한 날이다.

다음 날, 우리는 에디스 스트리트에 자리한 지하층 보금자리에서 아침 일찍 눈을 떴다. 우리가 그 집을 선택한 이유는 출입구 앞에 계단이 없고 지붕 아래에 휠체어를 세워 놓을 수 있는 공간이 있었기 때문이다. 캘리포니아 북부 지방에서는 3월에 비가 많이 온다. 하지만 우리가 머물렀던 그달에는 비가 그다지 많이 오지 않았다. 우리는 노르웨이의 현실에서 벗어나 이곳의 극심한 가뭄 기간 속에서 시간을 초월한 자유로운 휴가를 즐겼다. 우리는 몬트레이 마켓에서 구입한 요거트에 그래놀라, 꿀, 커다란 블루베리를 넣어 아침 식사를 했고 커피를 끓였다. 버클리의 수돗물은 수질이 좋지 않아 만족할 만한 커피 맛을 내기가 힘들었지만, 우리는 아침에 커피를 끓이는 행위를 일종의 행복한 의식으로 여겼다. 식사를 마치면 우리는 글을 쓰기 위한 장소로 가기 위해 시더 스트리트를 따라 함께 걸었고 저녁 장을 볼 때까지 그곳에서 시간을 보냈다. 집에 돌아오면 함께 저녁을 준비하고 와인을 나누어 마신 후 잠자리에 들었다. 그리고 아침이 되면 다시 새로운 하루를 시작했다.

우리는 각자 책을 썼다. 저마다 너무나 아프고 힘든 주제를 두고 글을 썼다. 나는 신체와 언어에 관한 책을, 이다는 자신의 가족사에 관한 책을 썼다. 캘리포니아의 햇살 아래 앉아 있으면 노르웨이와의 시차와 거리 때문인지 우리는 날카로운 봄 공기 속에서처럼 모든 것을 더욱 선명하게 볼 수 있었다. 마크 오브라이언 또한 여기에서 살았다. 대체적 삶이 아닌 바로 그 자신의 삶을.

3

정상에서 벗어나는 방식은 셀 수 없이 많다

삶은 달라질 수도 있었다. 삶은 항상 달라질 수 있는 것
이다. 만약 내게 선천성 근육 질환이 없었더라면 나는
지금 어떤 삶을 살고 있을까? 이 세상에는 살아온 삶과
살지 못한 삶이 있다. 살아온 삶은 물이 공기 방울을 보
듬어 안듯 살지 못한 삶을 포용한다.

나는 세 살 때 척수근육위축증 진단을 받았다. 나는 내
가 근육 질환을 지닌 사람이라고 스스로 인지하기 전의
기억이 거의 없다. 거기엔 무언가를 향해 쾅 닫히기 전
에 존재하는 작은 문이 있었다는 것밖에는.

나는 걸을 수 있었지만 달릴 수는 없었다. 바닥에서 몸
을 일으킬 수는 있었지만 무언가 몸을 지탱할 수 있는
것이 있을 때만 가능했다. 집 밖, 평평하지 않은 땅 위에
서 움직일 때는 휠체어가 필요했다. 휠체어는 내게 넘어
지지 않고, 쓰러지지 않고, 피곤해지지 않는 자유를 의
미했다.

새로운 것은 아무것도 없다. 내겐 항상 있어 왔던 일이
었으니까. 나는 항상 나였다. 단지 내가 미래에 어떤 사
람이 될지 조금의 불안감이 존재했을 뿐. 내게 내려진

진단은 소위 진보 상태, 즉 나의 건강이 더 악화될 수도 있다는 것을 의미했다. 내가 열세 살 때 발행된 진료 의견서에는 다음과 같이 적혀 있었다.

진단서
1994년 6월 15일 척수근육위축증. II-III 유형. 성장 부진으로 인한 신체적 숙련도가 떨어지나 꽤 안정적 상태로 볼 수 있음.

(……)

수동 휠체어, 전동 휠체어, 사출좌석의 조합으로 푹신한 의자에서 몸을 일으키는 동작도 가능함.

(……)

지능과 사회성에는 문제가 없어 보이나, 앞으로는 부모와 지원 기관의 성인들로부터 상당한 도움과 후속 조치가 따라야 할 것으로 판단됨.

이처럼 묘사된 나 자신을 바라보니 매우 이상했다. 하지만 그것은 기록적 언어이고, 병원과 기관의 언어였다. 기록 속에서는 현재뿐 아니라 미래에 관한 전망도 꽤 많은 자리를 차지했으며, 그 미래는 매우 어둡고 음울하게만 보였다. 이러한 언어에서는 모든 긍정적 고려 사항은 잠정적이고 유보적이다. 병원과 기관의 언어는 절망의 언어다. 일말의 기대감도 찾아볼 수 없다.

나는 미래를 그린 이미지와는 매우 불분명한 관계에 있었다. 열세 살의 어린이가 스무 살이 되어도 여전히 정상적으로 걸을 수 없는 자신의 앞날을 떠올린다는 것은 운명론적이며 낯설다. 그 어떤 일을 해도 내 몸의 근육이 점차적으로 약해지고 사라질 운명에 있다면, 지금 내가 운동을 하고 물리치료를 받는 것이 무슨 소용이 있겠는가? 동시에, 지금 운동을 하고 물리치료를 받지 않는다면 그 외에 내가 할 수 있는 일이 무엇이 있겠는가?

우울증에 시달리는 사람들은 그렇지 않은 사람들보다 훨씬 현실적이라는 이론이 있다. 그들은 세상을 있는 그대로 보기 때문이다.

세상에는 사소하고 하찮은 것들로 가득 차 있다. 세상은 모두를 위한 것이지만, 막상 도움이 필요할 때는 최악으로 여겨질 때가 있다. 지원 기관은 마법의 손이 아니다. 그것은 구식이며, 허접하고 단편적인 조각을 모아 조립한 것이기 때문에 정기적으로 고장 나는 기계에 불과할 뿐이다. 기관은 전화를 받지 않는다. 모든 일은 서류 작업을 통해서만 이루어지며, 다른 부서에 일을 미루거나 아예 담당자가 자리에 없을 때도 있다. 그럼에도 지원 기관의 야망은 매우 높다. 그것은 마치 안테나처럼 하늘을 향해 작고 짧은 두 팔을 뻗어 올린다.

*

내가 글을 쓰는 이유는 내게 주어진 언어가 아닌 새로운 언어가 필요하기 때문이다.

미셸 푸코는 콜레주드프랑스(Collège de France)의 취임 강연에서 말은 우리가 사용하기도 전, 또는 잘못 사용해서 완전히 다른 방향으로 의미가 전달되기도 전에 이미 존재한다고 했다.

나는 오늘 행해야 하는 이 담론에, 그리고 앞으로도 수년간 이 자리에서 행해야 하는 담론에 자연스럽게 스며들고 싶습니다.

미셸 푸코

그럴 수도 있고, 그렇지 않을 수도 있다. 나는 지금 이 자리에서 행하는 담론에 자연스럽게 스며들고 싶은 마음은 없다. 나는 스스로 담론을 펼치고 싶다. 이 일을 행하는 도중 흐르는 땀을 느끼고 싶다. 이 책은 적절한 언어를 찾기 전에는 시작될 수 없다. 하지만 그 언어를 찾았을 때는 이미 책이 마무리되어 있을 것이고, 내 일은 끝이 나 있을 것이다.

나는 부모님께 받은 문서들과 카세트테이프, 서류철의 무게를 느끼며 이 글을 쓴다. 그것들은 집무실 안, 나의 등 뒤에서 중력장을 형성하고 있다. 그것들이 이야기하는 것은 마치 밤하늘의 별처럼 내게서 너무나 멀리 떨어져 있고, 나는 내게 닿는 그 빛을 느낄 뿐이다. 나는 이것들이 나의 어린 시절에 관해 얼마나 이야기해 줄 수 있는지 알아내려 한다. 내가 직접 경험하여 내 기억 속에 형태를 갖추어 자리 잡고 있는 이야기가 아닌, 외부의 시선과 타인의 눈에 비친 이야기를 알아내고 싶은 것이다.

나는 이다와 사귀기 시작했을 때 이들 서류에 관해선 단 한마디도 하지 않았다. 우리의 신뢰 관계는 이러한 서류나 고소장 또는 법적 문서를 통해 형성된 것이 아니다. 나는 이들 문서를 신뢰하지 않는다. 그럼에도 이것들은 오랜 시간 지속되어 왔다는 점 때문에 내 기억보다 훨씬 더 신뢰할 수 있고 안정적이다. 이것들은 내 책장에 꽂혀 있는 앨범과 경쟁 관계에 있다. 앨범 속에는 나의 어린 시절 사진, 1980년대의 전형적인 사진들이 있다. 하지만 사진의 질로 본다면 전형적인 것과는 거리가 멀다. 왜냐하면 나의 아버지는 사진에 조예가 깊기 때문이다. 이 사진들이 전형적이지 않은 이유는 하나 더 있다. 그것은 대다수 사진 속에 동일한 대상물, 즉 휠체어가 자리 잡고 있기 때문이다.

임상 기록을 넘어서 경험의 진정한 핵심을 위해 글을 쓴다는 생각은 내게 매우 유혹적으로 다가온다. 사실 세상의 모든 글은 시적이든 자전적이든 그 핵심은 항상 진실이어야 하지 않을까?

예를 들어 나와 여동생, 부모님이 함께 살았던 그 빨간 집은 스위스식 빌라였다. 우리 집은 2층에 있었고 층과 층 사이에는 화장실을 개조한 작은 창고가 있었다. 옛날에는 밤이 되면 환경미화원이 와서 화장실을 비웠다고 한다. 나는 난간에 몸을 지탱하고 절룩거리며 천천히 계단을 오를 때마다 예전 사람들의 생활은 어떠했을까 상상하곤 했다. 아래층의 화장실을 사용하던 이들은 위층 사람들의 배설물을 머리에 덮어쓸까 봐 걱정하진 않았을까?

이웃집 마당에 주차되어 있던 루스 버스* 또한 내겐 미스터리였다. 버스의 한쪽 면은 빨간색 페인트칠이, 다른 쪽 면은 하얀색 페인트칠이 되어 있었다. 버스의 한쪽 면에는 다음과 같이 적혀 있었다. '블루 루스**를 속여 버스 주위를 백 번 돌게 하려면 어떻게 하면 될까? 그 답은 버스 반대편에서 찾을 수 있음.' 나는 오랜 시간 그 대답을 곰곰이 생각해 보았지만, 홀로 문제를 풀지는 못했다. 나는 그런 아이였다. 당시의 나는 이런 질문들에 관해 생각하곤 했다. 내가 누구인지 이해하고 스스로 자의식을 형성하기 전, 나의 삶을 채웠던 커다란 수수께끼는 이런 것들이었다.

* '루스'는 노르웨이의 고등학교 졸업반 학생들을 칭하는 말로, 마지막 학기 말이 되면 그룹을 지어 버스를 대여해 여행을 하거나 파티를 즐기는데, 이때 사용하는 버스를 루스 버스라고 한다.
** 진로와 학과목에 따라 루스를 구분하는데, 상업 계열은 푸른색 옷을 입으며 블루 루스라 칭한다.

사회학자 어빙 고프먼(Erving Goffman)은 낙인을 뜻하는 스티그마(Stigma), 즉 신뢰할 수 없는 가시적 표식에 관해 글을 썼다. 스티그마라는 단어는 고대 그리스어에서 유래했으며, 피부를 불에 지져 표식을 남기는 것을 뜻했다. 이 표식을 지닌 사람은 탈옥자이거나, 선량한 사람들이 사는 도시의 삶, 즉 '폴리스(Polis)'에 발을 들여놓기에 적절치 않은 사람이라 간주되었다. 사람들은 이러한 표식을 지닌 이와는 말을 나누거나 함께 어떤 일을 하는 것을 기피했다. 이 표식을 지닌 사람은 타인의 존중을 받지 못했다. 이탈리아의 철학자 조르조 아감벤(Giorgio Agamben)은 『호모 사케르(Homo Sacer)』에서 이렇게 말했다. "이들은 사람이 아니다. 이것은 벌거벗은 삶이며 보호받지 못하는 삶이다."

스티그마는 항상 신체에서 볼 수 있다. 팔뚝 아래 보이는 주삿바늘 자국. 상한 치아. 자극받은 두피 위로 보이는 숱이 적고 부스스한 머리카락. 비틀거리는 걸음걸이. 조금이라도 움직이기 위해선 휠체어를 사용해야 하는 신체.

스티그마의 형태는 서로 다르지만, 그것이 만들어 내는 반응은 거의 비슷하다. 작은 연극적 행위. 이것을 본 다른 배우들은 즉각 어떤 무대를 연출해 내야 하는지 알아차린다. 그들은 눈길을 돌리거나 자기와는 상관없다는 듯 무심한 표정을 짓는다. 가끔 눈이 마주치는 경우가 생기면, 그것은 도발이나 자극 또는 갈등으로 이어진다. 눈을 마주친다는 것은 도를 넘어섰다는 것을 의미하기 때문이다.

스티그마는 전염성을 지니고 있다. 그것은 매우 광범위하고 유동적인 오라를 발한다. 신체의 전부를 둘러쌀 뿐 아니라 다른 이의 신체에까지 번지기도 한다. 그것은 외부에서 내부로 잠식해 들어오며, 인성을 형성하기도 하고, 당사자는 물론 타인의 내부에서 조건을 만들어 내기도 한다. 이렇게 생성된 조건이 다시 인성을 형성하는 근간이 되는 것은 오직 시간문제다.

보호받는 개인의 삶에서 국내 사회가 그를 더 이상 보호할 수 없는 시점은 사회계급, 거주지, 스티그마에 따라 다르지만, 이 개개의 사례는 각 개인의 도덕적 경험의 근간이 된다. 어빙 고프먼

도덕적 경험. 그렇다. 나는 이것을 상당히 뒤늦은 시기에 경험했다. 내 삶의 사회적 범위는 가정생활에서 크게 벗어나지 않았기에, 종종 가정 내에서의 삶과 사회 또는 세상을 혼동하곤 했다. 그럼에도 내게 도덕적 경험은 고프먼이 말한 것과 같은 방식, 즉 보호막의 상실 속에서 생겨났다. 내가 인지했던 것은 어떤 특권을 상실함으로써 느꼈던 분노였다. 더 정확히 말하자면, 내가 평생 얻을 수 없는 신체적 특권을 다른 사람들은 이미 가지고 있다는 것을 알게 되었을 때 나는 분노를 느꼈다.

이 발견은 오랫동안 미루어졌다. 내가 학교에 입학했을 때, 어머니는 교실까지 따라왔다. 아이들은 어머니 옆에 몰려들었고 어머니는 아이들을 향해 작은 강연을 시작했다. 어머니는 내가 얼마나 쉽게 넘어지는지 아이들에게 보여 주었고, 나를 힘껏 밀치면 안 된다고 말했다. 그 때문인지 초등학교는 물론 중학교에서도 나를 밀치

는 아이는 없었다. 이것은 또 다른 종류의 도덕적 경험
이다. 물론, 내가 이 경험을 높이 평가하고 감사하기까
지는 수년의 시간이 걸렸지만 말이다. 나는 먼저 왕따를
당하는 아이와 함께 시간을 보내며 그 아이의 도덕적 경
험을 이해해야만 했다. 왜냐하면 나는 단 한 번도 왕따
를 당한 적이 없었기 때문이다. 나는 아이들 속에서 안
정적이고 보호받는 삶을 살 수 있었다. 내 삶의 보호막
은 이처럼 크고 넓었다.

*

그 이전의 시간.

진단서
1984년 6월 12일

소년은 신경근 질환의 임상 징후를 보이며, 모든 근육 부위
에 영향을 미치는 근병증일 것으로 보임.

가능한 한 빠른 진단을 요구하는 보호자의 의견에 따라, 환
자의 전반적 진료를 위해 어린이 병동으로 이송시킴.

'가능한 한 빠른 진단', 이것은 매우 신중하게 선택된 말
이며, 낙관적이면서 비현실적이라 할 수도 있다. 나는
수년 전 서른이 넘은 나이에 처음으로 평생을 지고 살아
야 할 확실한 진단을 받았다. 그때의 느낌은 마치 그제
야 평범하지 않은 내 몸에 꼭 맞는 수제 양복을 입은 것
같았다.

1980년대에 부모님이 의사에게서 들었던 병명은 잠정
적일 뿐이었다. 그것은 내가 살아왔던 삶과는 전혀 다
른 것이었다. 당시의 진단에 따르면, 나는 이십 대에 이
르면 밖에 나가지도 못할 정도로 몸이 약해질 것이라 했
다. 열두 살 때 발목 수술도 해야 한다고 했다. 임상적 언

어는 이러한 것들을 명확히 내보이지 않는다. 임상적 언어는 다른 세상의 그림자일 뿐이다.

몇 년 전, 가장 가까운 친구가 아들을 낳았다. 학교에 입학한 그의 아들이 가져온 수업 계획서에는 학교 건물의 앞면을 원근감을 살려 그릴 수 있어야 할 뿐 아니라, 휴머니스트협회의 기능을 설명할 수 있어야 한다고 적혀 있었다. 당시 그의 아들은 겨우 여섯 살에 불과했다. 체육 시간의 계획서에는 달리기를 할 예정이라고 적혀 있었다.

나는 여기에 개인적인 반응을 보이고 싶진 않았다. 학교의 수업 계획서를 찬찬히 읽어 보면 하나같이 이상하다는 것을 알 수 있을 것이다. 여섯 살짜리 어린이의 달리기 실력이나 의지를 측정할 수 있다고 믿는 것은 그들이 휴머니스트협회의 기능을 설명할 수 있다고 믿는 것만큼이나 비합리적이다. 나는 개인적인 반응을 보일 수밖에 없었다. 달릴 수 없는 어린이, 평생 달리는 것을 경험할 수 없는 모든 어린이를 대신해서.

학교가 총체적 기관의 성격을 띠기 시작한 지금에서야 규범적 일반성이 가시화되었다. 여섯 살 어린이의 제36주 수업 계획서에 제시된 '나는 달릴 수 있다'라는 문장은 서술적이면서 동시에 규범적이다. 나는 현시점에서 달리지 못하는 여섯 살짜리 어린이를 알지 못한다. 하지만 세상 어딘가에는 그런 아이가 존재한다는 것쯤은 잘 알고 있다.

*

곧 일곱 살이 되는 소년의 신장은 최근 늘어나, 몸무게 19.8kg의 50%에 준함(실제 몸무게가 보기보다 더 많이 나가서 언뜻 놀라움을 금치 못했음). 근위축증 증세는 확산 추세에 있으며 안면 근육 또한 위축 증세를 보임.

(……)

초등학교 입학을 앞두고 글을 깨침(3주간의 집중력 훈련이 있었던 것으로 보임). 간단한 연산 능력도 있음.

이러한 소견은 내게 다음과 같이 다가왔다. 곧 일곱 살이 되는 소년은 선천성 근육 질환에 시달리고 있음. 레고와 만화책에 관심을 가졌던 소년은 곧 톨킨의 책은 물론 롤플레잉 게임인 던전&드래곤, 컴퓨터와 보드게임에서 접할 수 있는 갖가지 전술 게임에도 관심을 보임. 소년은 집중적 자가 훈련을 통해 글을 읽고 쓰는 것이 무엇을 의미하는지 이해하고 있음.

〈베를린 천사의 시〉에서는 페터 한트케의 시, 「유년의 노래」를 접할 수 있다.

Als das Kind Kind war,
ging es mit hängenden Armen,
wollte der Bach sei ein Fluß,
der Fluß sei ein Strom,
und diese Pfütze das Meer.
Als das Kind Kind war,
wußte es nicht, daß es Kind war,
alles war ihm beseelt,
und alle Seelen waren eins.

Als das Kind Kind war,

hatte es von nichts eine Meinung,
hatte keine Gewohnheit,
saß oft im Schneidersitz,
lief aus dem Stand,
hatte einen Wirbel im Haar
und machte kein Gesicht beim Fotografieren.

비록 그 의미는 완벽히 이해할 수 없었으나, 시어는 나
의 뇌리를 파고들었다. 나는 네덜란드어는 이해할 수 있
지만 독일어 실력은 초보자 수준이다. 영화 〈베를린 천
사의 시〉에서 구슬프고도 서정적으로 이 시를 노래한
브루노 간츠의 목소리를 들었다. 나는 인터넷에서 기술
적 도움을 받아 최선을 다해 그것을 번역해 보았다.

그 아이가 아이에 불과했을 때,
두 팔을 늘어뜨린 채 터덜터덜 걸었다.
시냇물을 강으로 만들고 싶었고,
웅덩이를 바다로 만들고 싶었다.
그 아이가 아이에 불과했을 때,
그는 자신이 아이라는 것을 알지 못했다.
모든 것은 영혼을 소유한 존재를 위한 것이었고,
모든 영혼은 하나였다.

그 아이가 아이에 불과했을 때,
아이는 아무런 의미를 지니지 못했다.
습관도 없었고,
자주 가부좌를 튼 채 앉아 있었다.
몸을 일으켜 달리면
바람에 머리카락이 날렸고,
사진사를 향해 얼굴을 찌푸리지 않았다.

이 아이는 갑자기 일어나 달리지 않았다. 가부좌를 튼 채 앉아 있을 수도 없었다. 하지만 이 아이와 그 아이는 동일한 아이였다. 나는 수영을 할 때만큼은 자유롭게 움직일 수 있었으며, 사진사를 향해 얼굴을 찌푸리지도 않았다.

*

가족의 보호막은 기관의 풍경이 시작되는 지점에서 끝이 난다. 이 둘은 서로를 포용하지 않는다. 그렇다고 해서 완전히 배척하는 것도 아니다. 가끔은 뾰족하고 날카로운 모퉁이와 높다란 장벽 너머 서로의 영역을 들여다보는 것이 쉽지 않을 때도 있다.

나는 그 아이에 가까이 다가가는 일, 그 아이의 부모나 주변의 어른이 되는 것이 어떤 것인지 알 수 없다. 하지만 이젠 내게도 아들이 있다. 적어도 부모로서의 역할은 과거 아이로 살았을 때와는 달리 더 가까이 느낄 수 있다. 이 또한 도덕적 경험이라 할 수 있다.

소견서
날짜 미상

얀 그루에의 근위축증 강도는 매우 심하므로 학교에 입학할 경우 추가 지원이 필요할 것으로 보입니다. 근위축증은 호전될 가능성이 없기에 학교에서는 수업 시간뿐 아니라 휴식 시간에도 고려해야 할 사항이 적지 않을 것입니다.

고려해야 할 사항이 적지 않다고 했다. 학교 입학 시부터 필수 불가결한 고려 사항을 위해 추가 지원이 필요하다고 했다. 덕분에 나는 쉬는 시간에도 교실에 남아 있을 수 있었다.* 학교 내에선 내가 어디를 가든지 항상 누

* 노르웨이에서는 기본적으로 휴식 시간에 모든 학생은 교실을 떠나야 한다.

군가가 나를 따랐다. 두 발로 걷거나 휠체어를 타거나 항상 나를 위해 고려해야 할 사항이 있었기 때문이리라.

나는 이러한 조치가 결코 반갑지 않았다. 분개했다. 분개를 바로잡을 곳이 필요했다. 하지만 분개를 표출할 곳이 없었다. 그 이유는 알지 못했다. 비록 이미 오래전부터 내겐 타인과는 다른 기준이 적용된다는 것을 알고 있었지만 말이다.

정신분석가 D. W. 위니콧(D. W. Winnicott)은 매우 좋은 질문이긴 하지만 대답하기에 불가능한 질문을 던졌다. 정상적인 어린이란 어떤 아이인가?

그 질문은 맥락을 고려하지 않을 경우 답을 찾을 수가 없다. 아이들은 홀로 있을 수 없다. 그들은 항상 가족에게 둘러싸여 있고, 사회는 가족을 둘러싸고 있기 때문이다.

이 질문에 순전한 이성과 논리만으로 답할 경우 이중 부정을 거치지 않을 수 없다. 정상적인 어린이란 정상에서 벗어나지 않은 어린이다. 정상에서 벗어나는 방식은 셀 수 없이 많다. 우리는 정상에서 벗어난 후에야 그것을 알아차리고 수치심에 사로잡힌다. 이 수치심은 다른 사람과 같지 않다는 생각에서 기인한다. 무리에서 튄다는 생각, 무리를 귀찮게 한다는 생각.

이 수치심은 지금도 여전히 누군가가 날카롭게 대문을 두드리듯 내 안에서 고개를 들곤 한다. 휠체어가 들어갈 수 없는 장소나 건물에 들어설 때. 한번은 주방용 의자를 구입하기 위해 시내에 간 적이 있다. 상점 안에는 엘리베이터가 있었지만, 상점 안에 있는 대다수 엘리베이터가 자주 그러하듯 짐으로 가득 차 있었다. 사소하면 사소하다고 할 수 있는 일이었지만, 나는 짜증을 내고 말았다. 그것은 내게 심리적 안정감을 가져다주었다. 나는 계단 아래를 향해 상점 점원을 소리쳐 부르며 엘리베이터 안을 비워 달라고 말했다. 그때 내 얼굴이 수치심으로 상기되었던 것은 순전한 생물학적 반응이었다. 나는 그것이 결코 수치스러운 일이 아니라는 것, 누군가에게 부탁을 하는 것도 전혀 나쁜 의도에서가 아니라는 것은 물론, 그 누구도 내가 가게에 들어가는 것을 의도적으로 막지 않았다는 것을 잘 알고 있다. 그렇다. 나는 지금에서야 그것을 깨달았다.

*

서류에서 찾아볼 수 없는 또 하나의 이야기는 다음과 같다. 4학년 때의 일이다. 그날은 같은 반의 한 여자아이의 생일이었다. 반 아이들은 모두 학교 옆 동화의 공원에서 열린 생일 파티에 초대되었다. 눈 내리는 한겨울, 공원 중앙에는 거울처럼 매끈매끈한 빙판이 자리 잡고 있었다.

다른 아이들은 스케이트를 신고 빙판 위를 달렸다. 나는 휠체어를 타고도 빙판 위에서 미끄러지듯 앞으로 나아갈 수 있다는 것을 깨달았다. 나는 휠체어를 전속력으로 움직이다가 급작스럽게 멈추기를 반복했다. 휠체어는 멈춰 설 때마다 얼음 위에서 한 번, 두 번, 세 번 빙글빙글 돌았다. 마찰이라곤 전혀 느낄 수 없었다. 내겐 마법처럼 느껴졌다. 아이들이 하나둘 휠체어 뒤의 바구니에 매달리기 시작했다. 나는 아이들을 이끌고 휠체어를 몰았다. 마치 자석에 이끌리는 철가루처럼 꼬리에 꼬리를 문 아이들의 수는 점점 늘어났다.

얼음 위에서의 움직임은 위에서 본다면 아름답고 경이로우며 부드럽기 그지없었을 것이다. 그로부터 10년 후 덴마크의 영화학교에 입학한 나는, 버스비 버클리 (Busby Berkeley) 감독의 영화 〈풋라이트 퍼레이드(Foot-light Parade)〉에서 완벽한 싱크로율을 자랑하는 안무를 보았다. 내가 본 것이 무엇인지, 내가 기억하는 것은 무엇인지 이해하기까지는 적지 않은 시간이 걸렸다.

우리는 빙글빙글 도는 무대 위에서 아직도 춤을 추어요. 버스비 버클리의 꿈속에서.

스테핀 메릿
(Stephin Merritt)

커다란 소용돌이를 연상시키는 아이들의 파도 같은 움직임은 한순간 직선으로 쭉 뻗었다가 다시 새로운 형태를 갖추었다. 휠체어가 조심스럽고도 조용하게 딸깍하는 소리를 내며 멈출 때까지. 작은 전기 엔진이 한계에 다다른 것이다. 휠체어는 다시 움직이려 하지 않았다.

파티는 끝나지 않았다. 우리는 생일 파티의 주인공인 여자아이의 집으로 갈 예정이었다. 여자아이의 아버지는 사이드카를 장착한 모터사이클에 나를 태워 주었다. 우리는 어둠 속에서 함께 날았다.

그날의 일은 지원 기관의 입장에선 다음과 같이 해석되었다.

휠체어는 복지부의 소유물이며 사용자에게 대여된 것으로 볼 수 있음. 즉, 휠체어는 사용자가 판매나 교환할 수 없으며, 대여 또는 근저당이 불가함.

결정 통지문
1996년 12월 17일

4학년 때 빙판 위에서의 경험을 통해 수영장에서와는 다른 새로운 형태의 자유를 경험할 수 있었다. 또한 휠체어 위에서도 넘어질 것을 두려워하지 않고 어떻게 움직여야 할지 생각하지 않고서도 자연스럽게 움직일 수 있다는 것을 깨달았다. 6학년 때는 휠체어가 내 신체의 일부가 되었다. 그것은 학급 아이들과 함께 캠핑을 가며 깨달은 사실이다. 단체 버스에는 오직 수동 휠체어를 실을 수 있는 공간만 허락되었다. 나는 수동 휠체어를 조종하기에는 너무나 힘이 부족했기에 누군가가 밀어 주어야만 했다. 나는 집으로 돌아온 후에도 짜증과 분개를 감출 수 없었다. 난생처음으로 휠체어에 몸이 묶여 있다는 느낌을 경험했기 때문이다. 그 일은 내게 결정적인 의미로 작용했다.

캠핑장은 랑에드라그라는 곳에 있었다. 주변은 허허벌판이었다. 랑에드라그에는 늑대를 키우는 한 가족이 살고 있었다. 그곳은 소풍과 자연 체험의 거점으로 자주 이용되었다. 사람들은 그곳을 산책하기도 했다. 나는 누군가가 밀어 주는 휠체어에 앉아 호숫가 가장자리의 널찍한 오솔길을 빙글빙글 돌기만 했다.

전기 휠체어는 오솔길이 좁아지는 지점, 길 위로 튀어나온 나무뿌리 때문에 울퉁불퉁한 지점에선 움직이는 것을 포기하려는 것만 같았다. 그럼에도 앞으로 나아갈 시도는 해 보려는 듯 나와 마찬가지로 애를 썼다. 우리는 하나가 되었다. 수동 휠체어는 바퀴 위에 의자를 얹어 놓은 물건에 불과했다. 수동 휠체어와 나는 협력을 할 수 없었다. 그것은 나를 위해 할 수 있는 일이 없었다.

*

내가 열 살 때 우리 가족은 이사를 했다. 나는 뤼데르 사겐스 거리에 있던 빨간 스위스식 빌라를 무척이나 좋아했다. 여동생과 부모님도 마찬가지였다. 하지만 시간이 흐를수록 2층의 우리 집까지 올라가는 일은 점점 더 힘들어졌다. 나는 휠체어를 자전거 주차장에 세워 놓고 거기서부터 또 몇 미터를 더 걸어야 집 건물에 이를 수 있었다. 건물 출입문 앞에는 몇 개의 계단이 있었고, 건물 안에 들어가면 우리 가족이 사비로 복도에 설치한 간이 좌석 승강기를 이용해 집까지 갈 수 있었다. 불가능한 일은 아니었지만 시간이 흐를수록 점점 더 힘들었던 것은 사실이다.

십 대 시절, 영웅의 일대기나 신화와 관련된 책을 특히 많이 읽었다. 컴퓨터 게임도 했다. 당시는 1990년대였기에 대부분의 컴퓨터는 회색을 띤 베이지색이었고, CPU는 286, 386, 486 등의 숫자로 측정되었다. 나는 전술 게임인 '시드 마이어의 문명(Sid Meier's Civilization)'을 통해 세상을 향한 의미를 느낄 수 있었다. 게임 속에서 고대부터 현대에 이르는 역사를 거치며 나만의 왕국을 가질 수 있었다.

게임 속의 세상은 깔끔하고 분명했다. 갈등은 얼마든지 이해가 가능했고, 목표는 분명했다. 나는 별을 목표로 삼았다. 게임 속에서 가장 높은 단계의 목표는 새로운 행성에 인간의 터전을 마련하기 위해 센타우루스자리 알파 행성에 우주선을 보내는 것이었다. 그것은 수천 년에 이르는 부단한 노력을 요구했다.

의식적이든 무의식적이든 간에, 나는 서서히 계획하에서 사는 아이, 계획 세우는 것을 좋아하는 아이가 되었다. 이것은 지금도 여전히 나를 특징짓는 성격의 하나로 자리하고 있다. 나는 당시 우리가 이사를 했던 이유를 이해하고 있었는지 기억할 수 없다. 하지만 분명히 알고 있었던 것은 내가 이미 그때 미래를 생각하기 시작했다는 것이다.

어떤 역사학자들은 중세 이후에서야 변화와 발전에 대한 개념이 분명하게 성립되었다고 한다. 고대 그리스의 시인 헤시오도스는 쇠퇴와 잃어버린 황금시대, 그리고 다가오는 철기시대에 관해 기록했지만, 그것은 역사의 법칙을 해석한 것뿐이지 그가 역사를 변화시키려 시도했다고는 볼 수 없다.

인간의 신체든 문명이든 쇠퇴는 당연한 것이다. 문제는 우리가 쇠퇴를 막을 수 있는가 하는 것이다. 만약 이것이 가능하다면 우리가 할 수 있는 일에는 무엇이 있을까?

*

또 다른 기억, 또 다른 도덕적 경험은 여름에 찾았던 동화의 공원에서 얻은 것이다. 그것은 정물화처럼 고정된 이미지이며, 중세의 예술 작품처럼 교훈적 내용을 포함하고 있다.

이 기억 속의 분위기는 수치심과 분노 그리고 상처와 그늘로 점철되어 있다. 나는 휠체어를 탄 채 평평하고 먼지 가득한 동화의 공원 한가운데를 돌았고, 다른 소년들은 언덕 위 잔디밭에서 놀았다. 나는 그들과 함께 놀고 싶었다. 하지만 그들은 내가 원하는 것에 관심이 없었다. 나는 그들과 나 사이에 깊은 심연이 자리하고 있다는 것을 깨달았다. 나는 언덕 위에 있는 그들이 내가 있는 아래쪽으로 내려오길 바랐지만, 그들은 이를 거부했다. 나는 그들에게 이르고 싶었지만 그것은 불가능했다. 진실을 말하자면 내 친구들은 마음만 먹으면 어디든 갈 수 있다는 것이었고, 나는 그들을 따라갈 수 없다는 것이었다.

기억은 시간이 흐를수록 점점 더 강렬해지고 선명해진다. 나는 십 대로 접어들던 유년 시절의 끝자락에 이르렀을 때 내가 다다를 수 없는 공간, 내가 접할 수 없는 경험들이 있다는 것을 깨달았다. 나는 경계와 경계의 지표를 상징하는 로마 시대의 신 테르미누스와 지속적인 접촉을 했다. 그것이 무엇인지 확실히 알지 못한 채, 섹스와 음주, 도취 등에 관해 막연한 상상을 했으며, 그 무엇보다도 감추어진 것, 속박되지 않은 것, 비밀스러운 것, 통제가 존재하지 않는 것에 관해 꿈을 꾸었다.

다른 이들은 이러한 것들에 관해 잘 알고 있었으리라 확신한다. 이것은 내 힘으로 닿을 수 없는 높다란 꼭대기에서 찾아볼 수 있었으며, 그 꼭대기로 가는 길은 내겐 너무나 길고 좁아 발을 들일 수조차 없는 곳이었다. 어쩌면 당시 나와 비슷한 느낌을 가졌던 다른 십 대 아이들이 있었는지도 모른다. 역설적으로 들릴 수도 있겠지만, 나는 그런 아이들이 있었다는 것을 지금은 기억할 수가 없다. 내겐 누구 못지않은 공감 능력이 있지만 당시의 나와 지금의 내겐 괴리가 존재한다는 것도 인정할 수밖에 없다. 바로 그 때문에, 나는 과거의 나를 기억하고, 과거의 나에게 좀 더 가까이 다가가 보고자 시도 중인 것이다.

계단이 높게 느껴질 때마다, 문이 좁게 느껴질 때마다, 모퉁이가 필요 이상으로 날카롭다고 생각할 때마다 작은 감정의 메아리가 내게 부딪쳐 온다. 그 메아리는 내가 홀로 여행을 하며 전기 휠체어를 화물로 부칠 때마다, 장애인활동지원사가 오기를 기다리며 수동 휠체어에 앉아 있을 때마다 내 귓전을 후벼 판다. 비행기가 목적지에 도착했을 때도 나는 대기용 캐빈에 홀로 앉아 한 시간 이상을 기다릴 때가 있다. 승무원들은 초조한 기색이 역력하지만, 내 휠체어는 여전히 어디서도 찾아볼 수가 없다. 그때쯤이면 나와 같은 비행기를 탔던 승객들은 이미 입국장을 빠져나가 그들의 목적지를 향해 움직이지만, 나는 여전히 테르미누스와 함께 앉아 있을 뿐이다.

4
나의 스티그마, 나의 헤테로토피아

거대한 추는 부재와 비공간, 나 자신을 위해 스스로 만들어낸 공간 사이를 왔다 갔다 한다. 그것은 평생 동안 계속되는 탐사와 발견의 연속이다. 나는 과거의 것들에 관해 다시 생각을 해야만 한다. 모든 단어들을 이리저리 다시 돌려보아야 한다. 그것은 바로 내가 그려 내고자 하는 거대하고 상세한 지도이다.

지도의 한 부분에는 휠체어의 문화적, 기술적 역사가 그려져 있다. 그것은 비밀스러운 역사다. 역사를 보는 시선을 달리하고 조금 더 특별한 관심을 보이면 세상은 달라진다. 자기 자신에 관한 비밀스러운 역사를 이야기하는 것은 세상을 되찾는 것이나 마찬가지다.

나는 꽤 어린 나이에 처음 휠체어를 몰았다. 하늘색 스크린과 강력한 후륜 구동의 '페르모빌' 휠체어. 나는 '몰았다'라는 단어를 의식적으로 사용한다. 휠체어에 앉아 있다는 것은 움직임을 연상시키지 않는 수동적 행위이기 때문이다. '조종하다'라는 단어는 내가 사용할 수 있는 또 다른 단어다.

초등학교 2학년 때 페르모빌을 몰고 가던 나는 사과나무에 부딪쳐 중심을 잃고 땅에 쓰러지고 말았다. 그것은 내 잘못이었다. 기계를 통제할 힘이 없었을뿐더러, 기계의 자의적 힘을 존중하지도 않았기 때문이다. 그 이후, 나는 기계를 통제할 수 있는 방법을 배우고 익혔다. 그것은 이 세상에서 내 자리를 찾아가는 작업이었다. 내가 배운 것은 내부의 원을 둘러싼 또 다른 원이 존재한다는 사실이었다.

전진 기어는 엔진 몸체의 왼쪽 윗부분에 삐죽이 솟아나와 있었다. 기어의 끝부분에는 손잡이가 있었고, 그 손잡이에 닿기 위해 왼쪽 팔을 쭉 뻗어야만 했다. 나는 기어가 나의 팔꿈치를 연상시킨다고 생각했다. 둘 다 45도 각도로 기울어져 있었기 때문이다. 오른쪽에는 페르모빌의 방향을 조종할 수 있는 손잡이가 있었다. 기계를 오른쪽으로 움직이기 위해서는 손잡이를 뒤로 당겨야 했고, 왼쪽으로 움직이기 위해서는 앞으로 밀어야 했다. 저속으로 움직일 때면 특히 방향을 바꾸는 것이 더 힘들었다. 기계가 움직이는 속도가 빠르면 방향을 바꾸는 것은 더 쉬웠다. 마찰이 크지 않았기 때문이다.

지금 그것에 관해 글을 쓰는 것은 구세대의 기술을 묘사하는 것과 마찬가지라는 느낌을 지울 수 없다. 반은 자동, 반은 수동인 휠체어를 사용하는 신체적 경험은 곧 사라지고 말 구시대적 경험에 불과하다. 영화학교에 입학했을 때는, 당시의 편집 기술을 기준으로 본다면 아날로그에서 디지털 시대로 넘어가던 과도기였다. 경험이 풍부한 편집자는 물리적 필름 위에 무거운 날을 대고 쿵 내려칠 때의 그 느낌과 신체적으로 느낄 수 있는 리듬을 이야기했다. 그 행위를 통해 현재, 바로 그 순간을 느낄 수 있었던 것이다.

1794년, 프랑스에서 혁명력으로 테르미도르 열 번째 날이었던 7월 28일, 급진적인 자코뱅파의 리더 조르주 오귀스트 쿠통(Georges Auguste Couthon)은 단두대로 끌려갔다. 그를 동아줄로 결박하는 것은 쉽지 않았다. 그의 몸은 근육 수축과 마비로 인해 일반인과 달랐기 때문이다.

쿠통의 휠체어는 현재 파리의 카르나발레박물관에 전시되어 있다. 그것은 살롱 의자 위에 속을 넣어 푹신하게 만든 쿠션을 얹고, 팔걸이를 덧댄 것이었다. 앞쪽에 커다란 바퀴 두 개와 뒤쪽에 작은 바퀴 하나가 달린 것이 특징으로, 앞바퀴 두 개는 안쪽의 볼트를 축으로 각각 돌아가며, 이 두 개의 원시적 회전 메커니즘은 팔걸이와 같은 높이에 자리한 손잡이에 의해 조종된다.

쿠통은 이 기계를 스스로 조종할 수 있었다. 아마도 엄청난 힘을 들여야 했을 것이다. 한 손으로 손잡이를 움직일 경우 기계는 빙글빙글 돌기만 하고, 손잡이 두 개를 동시에 움직여야만 앞뒤로 기계를 조종할 수 있었다. 그만큼 많은 힘이 필요했다.

짐작건대 그 기계를 움직이는 것은 밧줄로 묶은 자동차를 이로 끌어당기는 것과 비슷한 힘을 들여야 했을 것이다. 바퀴는 통나무로 제작되었으며, 조종 장치는 수작업으로 만들어졌다. 그의 휠체어는 마찻길이나 진흙길, 즉 바깥에서 사용하기에는 불가능했을 것이다.

나는 그가 왜 휠체어를 만들었는지, 그것이 그에겐 얼마나 중요한 일이었는지 충분히 짐작할 수 있다. 그것은 바로 정체성과 연민이 아니었을까. 그는 누가 자신에게 말을 거는지 확인하기 위해 엄청난 힘과 노력을 들여 몸을 돌려야 했다. 그럼에도 그는 방 안의 한쪽 끝에서 다른 쪽 끝까지 움직였으며, 여기저기의 대화에 참여했다. 그는 정치인이었다.

쿠통은 자코뱅파에 속했으며, 공안위원회의 일원으로 공포정치를 실행했다. 로베스피에르를 비롯한 자코뱅파의 리더 대다수는 그와 같은 날에 처형당했다. 하지만 쿠통의 처형은 조금 연기될 수밖에 없었다. 이 사실은 그 당시 의미심장한 효과를 지니고 있었다. 즉, 그를 인도적인 방법으로 처형하기 위해 15분이라는 시간이 지연된 것이다. 그의 특수한 신체 상태를 고려했을 때 요구되는 것이 적지 않았기 때문이다.

*

휠체어에서는 문화사를 엿볼 수 있다.

『알프스의 소녀 하이디』에서 클라라는 등나무로 만든 등받이가 높다란 휠체어에 앉아 생활한다. 언뜻 빅토리아 시대의 산물로 보이는 그 휠체어는 매우 비실용적이고, 산등성이에 조금이라도 부딪치면 금방이라도 부서질 것 같은 물건이었다.

만화 『엑스 맨』에서 프로페서 X는 크롬으로 제작된 반원형의 휠체어에 앉아 있다. 그것은 미래지향적이고 우아하게 보이긴 하지만, 마치 세기의 디자이너 필립 스탁 (Philippe Starck)이 왼손으로 디자인을 한 제품처럼 비실용적이긴 마찬가지다.

스탠리 큐브릭(Stanley Kubrick) 감독의 〈닥터 스트레인지러브(Dr. Strangelove)〉에서 닥터 스트레인지러브는 동네 병원에서 대여한 것 같은 매우 평범한 휠체어에 앉아 있다. 휠체어는 개성이라곤 전혀 찾아볼 수 없으며 비실용적이긴 매한가지다. 특히 예술감독이자 프로덕션 디자이너였던 켄 애덤(Ken Adam)이 제작한 영화 속의 다른 세트 '신사들이여, 이곳에서는 싸우면 안 됩니다, 이곳은 전쟁의 공간입니다!'와 비교했을 때 매우 큰 대조를 이루는 것도 사실이다.

그렇다면 이쯤에서 질문 하나를 던지지 않을 수 없다. 스탠리 큐브릭은 배우 피터 셀러스(Peter Sellers)를 문손잡이처럼 흔하고 지루할 정도로 중립적인 병원 휠체어에 앉혔을 때 그 결과를 짐작할 수 있었을까?

*

세상을 바라보는 사고 가능한 유일한 방식인 문자는 권위적이고 이념적이라는 특성을 지니고 있다. 이데올로기, 즉 이념의 기능은 사회적 현실을 자연스럽게 보이도록 하는 것이며, 동시에 현실이 자연과 마찬가지로 순수하고 불변적으로 보이게도 한다.

테리 이글턴
(Terry Eagleton)

휠체어를 사용하는 사람들은 휠체어를 단순한 휠체어로 보지 않는다. 그들에게 휠체어는 형태와 표현 기능을 갖춘 하나의 상징체다. 휠체어를 사용하지 않는 사람들에겐, 휠체어는 단지 하나의 휠체어일 뿐일 것이다. 그렇지 않을까?

이제 나로서는 이러한 것들에게서 거리를 두고 지켜보기만 하는 것이 불가능하게 여겨진다. 나는 구별을 간과

하는 능력을 잃었고 나의 기억은 서로 다른 것들을 그냥 지나치지 않는다. 그것들은 나의 오감에 엮여 있다. 아이는 말하는 방식을 배운다. 처음엔 '멍멍'이라는 소리가 네 다리를 가진 동물과 관련이 있으며 '오리'는 날개와 부리가 있다는 것을 인지하는 것으로 시작한다. 이러한 구분이 무너지면 다시는 그 이전으로 되돌아갈 수 없다. 하지만 휠체어가 단순한 휠체어 이상의 의미를 지니고 있다는 것을 아는 사람들은 그리 많지 않다.

새 페르모빌은 파워 엔진이 장착되어 있었고 경적 소리도 구 페르모빌과는 달리 헛기침 소리를 닮은 전자음을 냈다. 나는 그 경적을 사용하고 싶지 않았다. 소리가 너무 작고 애매했기 때문이다. 나는 새로운 조종 시스템에 쉽게 적응할 수 있었다. 묵직한 뒷바퀴는 물론 앞바퀴로도 사람들의 발을 피해 갈 수 있었고, 침착하게 기다리는 것도 배웠다. 느릿느릿 걷는 행인들의 뒤에서 빈 공간이 나타날 때까지 천천히 움직이는 것도 배웠다.

휠체어 사용자가 된다는 것은 내가 아닌 타인이 되는 것을 강요당하는 것과 마찬가지다. 비좁은 길을 지날 때나 묵직한 대문을 지날 때면 협상을 하거나 밀어붙여야 한다. 의도치 않게 나 자신이 방해물이 되어 버리는 것이다. 교장 선생님(이 학교나 저 학교나 할 것 없이)은 학교 건물에 자동문을 설치하는 것은 우선적으로 고려할 사항이 아니라고 했다. 휠체어가 지나갈 수 있도록 다른 학생들이 문을 열어 주고 붙잡아 주면 된다고 했다. 타인에게 도움을 베푸는 것은 아름다운 일이라고도 했던가? 도덕적 경험에 끊임없이 노출되는 사람들은 타인에게 도덕적 교훈을 줄 것으로 기대된다.

우리 아이에게도 다른 건강한 아이들과 마찬가지로 가능한 한 동등한 성장 기회와 가능성이 부여되어야 한다는 점을 밝힙니다.

복지연금 사무처에
보낸 항소문
1986년 9월 2일

*

초등학교를 졸업하고 중학교에 입학하기 직전, 난생처음으로 여름 캠프에 참가했다. 희귀한 병을 앓는 아이들을 위한 특수 캠핑 프로그램이었다. 희귀한 병을 앓는 우리. 그러한 표현은 내게 절대 자연스럽게 다가오지 않았다. 어떻게 '우리'가 될 수 있을까? 나의 병은 내게만 국한된 것이지 다른 아이들의 것은 아니다. 나는 그러한 공동체의 한 부분이 될 수 없다고 생각했다.

그 여름 캠프에서의 기억은 매우 자세하게 남아 있다. 바짝 마른 빵 껍질. 가장자리가 말라비틀어진 치즈 조각. 와플과 과일주스. 모든 음식에는 캠핑장의 부엌에서 맡을 수 있는 특유의 냄새가 배어 있었다.

나는 그곳에서 병명이 일종의 서열을 구분하는 기준이 된다는 것을 깨달았다. 나는 두 발로 걸을 수 있었으며, 침을 흘리거나 말을 더듬지 않고서도 의사소통을 할 수 있었다. 다시 말하자면, 나는 그곳에서 거의 비장애인이나 다름없었다. 서열의 가장 위쪽에는 눈으로 볼 수 없는 병을 앓는 아이들, 조금만 노력하면 병을 앓고 있다는 것을 감쪽같이 숨길 수 있는 아이들이 자리했다. 나는 서열의 가장 위쪽은 아니었지만 상층에는 속할 수 있었다. 내부 핵심 서클의 가장자리쯤이라고나 할까.

나는 당시 그들이 행운아라고 생각했다. 하지만 세월이

흐르면서 가끔 나의 스티그마를 짊어져 주는 휠체어가 고맙다고 생각했다. 휠체어는 내게 보호를 의미하는 일종의 부적 역할을 하기도 했다. 휠체어에 앉아 있으면 이상하게 걷고 이상하게 말하며 주변에 불안감을 조성하는 사람들과는 다르다는 것을 보여 줄 수 있었다.

동시에 휠체어를 탄다는 것은 매우 고통스럽고 쓰라린 경험이기도 했다. 나 또한 그들 중 하나였으나, 단지 관심을 받는 것을 피했을 뿐이다. 그 여름 캠프는 나와 같은 아이들을 위한 캠프였고, 나 역시 그들과 다르지 않았으며 그들의 무리에 속한 것이다. 그것은 틀리다고도 할 수 있었고 맞다고도 할 수도 있었다. 나는 50미터 이상을 움직여야 할 때면 항상 휠체어를 필요로 했고, 내 팔꿈치는 그들의 팔꿈치와 마찬가지로 똑바로 펼 수 없었다.

그곳은 평범한 여름 캠프장이었다. 우리는 카누를 탔고 활을 쏘았다. 그것은 평범하지 않은 아이들을 위한 평범한 여름 캠프장이었다. 여느 캠프장과 다른 점이 있다면 아이들을 돌보는 보호자들이 훨씬 많았다는 것뿐이었다.

그곳은 결코 평범한 여름 캠프장이 아니었다. 그곳은 다양한 상품을 담은 바구니이자 집유소였다. 우리의 유일한 공통점은 그곳에 참가한 아이들은 물론 보호자 격으로 참가한 장애인활동지원사들조차 큰 소리로 말할 수 없다는 것이었다. 그들 또한 따지고 보면 우리보다 조금 더 나이가 많은 청년들에 불과했다. 그들은 슬프고 보잘것없는 삶에 기쁨을 불어넣어 주고 세상을 더 나은 곳으로 만들기 위해 이 여름 캠프에 아르바이트생으로 지원한 것이다. 그리고 나와 같은 아이들, 즉 이 캠프에 왜 참가했는지 이해하지 못한 아이들을 돌보아 주었다. 그들에게도 쉽지 않은 일이었음이 틀림없다.

나는 그곳에 적응할 수 없었다. 나는 그곳과 상관없는 사람이었다. 쉴 새 없이 침을 흘리고, 말을 더듬고, 생각도 제대로 할 수 없는 아이들이 나를 둘러싸고 있었다. 나도 그 아이들과 같은 부류였던가? 내가 속한 곳은 여기였던가? 나는 도저히 받아들일 수 없었다. 그곳에서 얼른 벗어나고 싶었다. 나는 내 방에 홀로 앉아 책을 읽었다. 그들과 다른 곳에 머물고 싶었다. 나는 십 대 초반이었다. 캠프에서 일하는 사람들은 나를 포함한 아이들이 모두 빠짐없이 양치를 하고 세수를 할 수 있도록 도와주었다.

스티그마를 지닌 사람들은 동일한 부류의 사람들 속에서 삶의 질서를 만들기 위해 개인의 불편함과 단점을 기본적 요소로 이용할 수 있지만, 이 경우 그들은 그렇지 않은 나머지 반쪽의 세상을 견뎌 내야만 한다.

어빙 고프먼

그들은 휠체어 사용자들을 위한 달리기 경주를 개최했다. 모든 휠체어의 최고 속도는 도로교통법과 지원 센터의 기술자들에 의해 시속 9킬로미터로 유지된다는 사실은 전혀 도움이 되지 않았다. 나는 그 경주에서 1등을 했다. 나는 다른 아이들보다 휠체어를 더 잘 조종할 수 있었다. 다른 말로 바꾸어 말하자면 나는 다른 아이들보다 운동신경이 좋았다. 그것이 경쟁이라고 한다면, 서로 다른 병들 사이의 경쟁이었을 뿐이다.

나는 캠프장에 책과 게임 도구를 가져갔다. 그즈음 나는 '매직 더 개더링'이라는 게임에 눈을 떴다. 그것은 공격 대형을 구사하는 전술과 용과 악마가 등장하는 상상력을 바탕으로 한 카드 게임이었다. 언뜻 롤플레잉 게임을 연상시키기도 했지만, 다른 점이 있다면 굳이 타인과 협력하지 않아도 된다는 것이었다. 물론 게임의 목적은 이기는 것이었다. 얼마 가지 않아, 캠프 내에서는 이 게임이 금지됐다. 모든 아이가 함께하기에는 너무나 제한적이고 복잡하다는 것이 그 이유였다. 발달장애아들은 게임을 할 수 있는 전제적 조건을 갖추지 못했기에 사실상 게임을 할 수 있는 아이는 아무도 없다는 말이었다.

나는 그곳에서 세실리에를 만났다. 세실리에가 어떤 병을 앓고 있었는지는 기억할 수 없지만 적어도 세실리에의 병은 밖으로 드러나지 않는 것이었다. 바로 그 때문에, 세실리에는 내부 핵심 서클에 속할 수 있었다. 세실리에와 나는 다른 아이들과 비교했을 때 특별히 잘못된 것이 없어 보였다. 적어도 우리는 그렇게 생각했고, 스스로 거의 비장애인과 같다고 여겼다.

난생처음으로 신체적 우월감을 경험한 것도 그 여름 캠프에서였다. 나는 그 누구보다 더 강했고, 더 빨랐으며, 움직임이 정확했다. 동시에 나는 다른 이들의 취약성을 방관자의 눈으로 볼 수 있었다. 그럼에도 그들에게 연민을 느끼거나 그들을 더 호의적으로 대하지 못했다. 오히려 그것은 나의 식욕을 자극했을 뿐이었다.

세실리에와 나는 함께 춤을 추었다. 잠자리에 들어야 할 늦은 저녁 시간에는 방에 둘만 있는 것이 금지되었다.

다운증후군을 지닌 한 여자아이는 우리가 사귄다며 소문을 냈을 뿐 아니라 항상 우리를 졸졸 따라다녔다. 우리는 방문을 닫을 수 없었다. 캠프에서는 그 누구도 배제시키거나 따돌리는 것이 금지되었기 때문이다.

세실리에는 나처럼 몸집이 작고 호리호리했다. 나는 아직도 세실리에의 야윈 팔과 거의 납작한 가슴을 기억하고 있다. 우리는 함께 걸을 수도 있었다. 세실리에는 나보다 좀 더 오래 걸을 수 있었다. 건물 안에서는 나란히 서서 걸을 때도 있었다. 호숫가에 갈 때면, 나는 휠체어를 몰았고 세실리에는 내 옆에 서서 걸었다. 세실리에가 나의 왼쪽에서 걸을 때면 세실리에의 손을 잡을 수 있었기 때문에 더 좋았다. 오른손으로는 휠체어의 조종대를 움직여야 했기 때문이다. 우리는 잠자리에 들기 직전 함께 호숫가를 산책했고, 얇고 먼지 묻은 커튼이 드리워진 창가에 함께 서서 대화를 나누었다. 나는 묵직한 원단에 무늬가 그려진 검정색 티셔츠를 벗어 던졌다. 벗은 상체가 전혀 부끄럽지 않았다. 적어도 거기서는 그랬다. 마치 이미 수차례 병원에서 진찰을 받기 위해 옷을 벗는 것과 같은 기분이었다.

그리고 캠프는 끝이 났다. 우리는 다시 오슬로로 되돌아왔다. 알고 보니 세실리에는 우리 집에서 전철 한 번만 타면 갈 수 있는 가까운 곳에 살고 있었다. 하지만 우리는 이미 현실 세계에 들어온 후였다. 나는 이 세계에선 세실리에와 사귈 마음이 없었다. 친구로 지낼 마음도 없었다. 한동안 그 일로 인해 수치스럽다는 느낌에 사로잡히기도 했으나, 시간이 흐른 후엔 그 일을 생각할 때마다 슬픔에 빠졌다. 세실리에와 사귀고 싶지 않았던 이유는 적어도 내 친구만큼은 비장애인이었으면 좋겠다는 생각 때문이었다. 그러면 나도 비장애인같이 될 수 있을 것 같았으니까. 적어도 마음먹기에 따라선 말이다.

어빙 고프먼 자아는 주어지는 것일 뿐 아니라 받아들여야 하는 것이다.

여름 캠프에선 모든 것이 투명했다. 어른들의 시선이 닿지 않는 곳은 어떤 곳도 없었다. 심지어 문턱도 없었다. 모든 가구에는 바퀴가 장착되어 있어 자유자재로 옮길 수 있었다. 기괴한 기하학적 문양으로 장식된 커튼은 얇기 그지없었다. 해는 너무나 일찍 떴고 사람들은 필요 이상으로 일찍 잠에서 깼다.

캠프는 청소년을 위한 것도, 사람들을 위한 것도, 환자들을 위한 것도, 사용자들을 위한 것도 아니었다. 그것은 선의의, 잘 규제된, 복지의, 보살핌의 표현이었다. 하지만 그것은 다른 삶의 영구적 그림자 속, 비상 사태라는 그림자 속에 자리 잡고 있었다. 그것은 조르조 아감벤의 말처럼 예외 상태가 일반적 규칙이 될 때 열리는 공간이었다.

나는 그 이후 다시 캠프에 참가하지 않았다. 하지만 아직도 캠프에 대해 좋은 기억이 있다. 특히 세실리에와 함께 춤을 추었던 기억. 우리는 식당에 마련된 나지막한 무대 위에서 함께 춤을 추었다. 천천히, 아주 천천히. 나의 두 다리는 금방이라도 쓰러질듯 불안정했다. 비틀거리며 침을 흘리고 말을 더듬는 아이들 사이에서 서 있던 바로 그곳. 이 작은 공간은 잠시나마 내게 문을 열어 주었다.

우리는 춤을 춘 후 각자의 방으로 향했다. 그 방은 오직 나만의 경험, 나와 세실리에의 경험만이 의미를 지니는 공간이었다. 우리의 살결은 서로 맞닿았고, 세실리에와 나는 함께 움직였다. 그것은 그 어느 공간과 시간에도 속하지 않는 특별한 경험이었다. 그날 저녁, 함께 호숫가를 따라 산책하며 세실리에에게 사귀자고 조심스레 제안했던 순간, 마치 시간 속에서 한 공간이 열리는 듯한 강렬한 카이로스적 순간을 경험했다.

그러한 공간은 현실 속에 존재하지만, 마치 현실 너머 다른 세계에 있는 듯하다. 왜냐하면 그 공간은 제각기 의미하는 바가 서로 다르기 때문이다. 나는 이 공간을 유토피아와는 다른 헤테로토피아라 칭한다.

미셸 푸코

＊

춤은 마법적이다. 그것은 공적인 자리에서 즐길 수 있는 사적인 행위이며, 공개된 장소 속에서 찾을 수 있는 비밀스러운 것이다. 나는 춤을 잘 추지 못한다. 여기서 춤을 잘 추지 못한다는 말은 적절한 표현이라 할 수 없다. 나는 넘어지지 않고 겨우 움직일 수 있을 뿐이다. 고등학교에 입학한 후 몇 번 더 춤을 춘 적이 있다. 그때마다 나는 춤을 추다 넘어지곤 했다.

어느 해 여름, 이다의 사촌이 프랑스 보르도에서 결혼식을 올렸다. 사랑에 빠진 지 얼마 되지 않았던 이다와 나는 프랑스로 갔다. 우리는 그런 일을 할 수 있었다. 프랑스행 비행기표를 예약하고 결혼식장에 가기만 하면 되었으니까. 나는 샤를드골공항에서 누군가의 도움을 받았다. 그들은 나를 바닥에 놓쳐 버렸다. 공항 내 사용 가능한 장애인 화장실은 잠긴 문을 열기까지 30분이 걸렸다. 우리는 마침내 작은 시골 마을에 도착했다. 이다는 나의 수동 휠체어를 밀어 주었다. 날씨는 점점 더 무더워져서 짜증이 솟구쳤다. 이 모든 것은 세세한 사항에 불과할 뿐이다. 다시 공항으로 되돌아갈 때는 길을 잘못 들었다. 우리가 묵었던 강가의 호텔에서는 수많은 날벌레와 모기에 물려 온몸에 빈틈이 없을 정도였다. 이 모든 것은 전혀 중요하지 않은 사소한 사항에 불과할 뿐이다. 왜냐하면 우리는 결혼식장에 마련된 나지막한 목재 플랫폼 위에서 푸른 하늘을 머리 위에 두고 함께 춤을 추었으니까. "난 우리가 이런 일을 할 수 있으리라곤 생각도 못 했어." 나 역시 이다와 마찬가지로 우리가 이런 일을 할 수 있으리라곤 생각지도 못했다. 그로부터 3년 후, 우리는 초저녁 별빛 아래서 다시 함께 춤을 추었다. 우리의 결혼식 날이었다. 우리는 서로에게 의지했고, 나는 넘어지지 않았다.

*

삶은 달라질 수 있었다. 나는 지금과는 전혀 다른 삶을 살 수도 있었다.

나는 평범한 일반 초등학교부터 일반 고등학교를 다녔다. 고등학교에 입학할 때는 시에서 가장 높은 점수를 요구하는 고등학교에 입학하고 싶어 많은 노력을 기울였다. 결국 원하는 고등학교에 갈 수는 있었지만, 그것은 성적 때문이 아니라 장애인 특별 제도 때문이었다. 그 어느 것도 당연한 것은 없었다. 내가 기울인 노력은 필요한 것이었지만 충분하진 않았던 것이다. 20년 전,

아니 10년 전만 하더라도 상황은 달랐을 것이다. 50년 전이라면 분명 지금과는 달랐을 것이 틀림없다. 나는 특수학교에 갔을 것이고, 어쩌면 교육을 아예 받지 못했을 수도 있었을 것이다. 현재보다 훨씬 작은 세상, 닫힌 세상에서 살아야만 했을 것이다. 지금은 있을 수 없는 일이다. 하나의 서클은 또 다른 서클을 만들어 냈고, 지평선은 점점 더 넓게 뻗어 나갔다.

나는 고등학교 졸업반일 당시 운전면허를 취득했다. 운전면허를 따기 위해 6개월 이상 운전 연수를 했고, 시간으로 따진다면 100시간이 넘는 시간을 소비했다. 두 다리를 사용하지 않아도 되는 특수 자동차의 조종 방식에 적응하기 위해선 어쩔 수 없는 일이었다. 왼손은 브레이크와 엑셀러레이트를 통제하는 스틱 위에 얹고, 오른손은 지름 15센티미터 정도의 미니 운전대 위에 얹었다. 저항력이라곤 전혀 느낄 수 없었기에, 자칫 조금만 잘못움직이면 자동차의 속도는 시속 40킬로미터에서 90킬로미터까지 단숨에 변할 수 있었다. 갓길에 처박히는 것은 시간문제였다.

너무나 많은 시간을 투자해야만 했다. 하지만 면허증이 없으면 덴마크의 민중고등학교인 폴케횝스콜레*에 갈 수가 없었다. 나는 외국으로 나가고 싶었다. 영화와 관련된 공부만 할 수 있는 그 학교에 꼭 가고 싶었다. 포기할 수 없었다. 그 학교에는 스튜디오, 편집실, 음향 작업실은 물론 두 개의 영화 상영실도 있었다. 나는 영화를 사랑했다. 그 학교에 꼭 가고 싶었다. 이유는 단지 그것

* Folkehøgskole, 학위를 수여하지 않는 성인 교육기관.

뿐이었다. 너무나 쉬운 일이었다. 동시에 너무나 어려운 일이었다. 그 학교에 가기 위해선 거쳐야 할 난관이 적지 않았다.

원하는 학교에 갈 수 있는 특권, 해야 할 일을 할 수 있는 특권을 지원하는 것은 적지 않게 찾아볼 수 있다. 나는 과거에 서로 다른 사회적 배경과 그 차이점을 명확히 보지 못했기에, 다른 이들은 가지지 못했던 자유, 즉 미래의 희망을 담은 백일몽을 꿀 수 있었다.

그렇다고 해서 노력을 하지 않았던 것은 아니다. 운전면허를 취득하기 위해 수많은 시간을 투자했고, 부모님은 내가 운전 연수를 문제없이 받을 수 있도록 특수 자동차를 마련해 주었다. 그들은 관련 기관에 신청서를 보냈고 특수 자동차를 대여하고 나에게 맞도록 수리를 했다. 아버지와 나는 셀 수 없이 많은 시간을 들여 함께 운전 연습을 했다. 연수 시간을 절약하기 위해서였다. 그것은 매우 힘든 작업이었고, 우리는 그 일을 함께 해냈다.

처음에는 매우 천천히 차를 몰았다. 자칫 손가락 하나라도 잘못 움직이면 차는 통제할 겨를도 없이 순식간에 앞으로 튕겨 나갔다. 운전은 생각보다 훨씬 어려웠다. 내게 신체를 이용하는 모든 일은 결코 쉽지 않다. 나는 책을 읽고 사고를 하고 무언가를 배우는 것은 매우 빨리하는 편이다. 하지만 내 몸은 내가 원하는 만큼 빨리 움직여 주지 않는다. 단지 자기만의 템포로 움직일 뿐이다. 나는 그 어떠한 일도 서두를 수가 없다. 그 때문에 자주 타인의 도움이 필요하다.

십 대에 들어서면서부터 부모님의 일을 나누어 하기 시

작했다. 그것은 세상, 즉 가정이라는 테두리 밖에서 나로 살아가기 위한 일종의 준비 작업이었다. 그와 동시에 이 세상엔 나처럼 도움이 필요하지만 그 도움을 받지 못하는 사람들도 있다는 사실을 깨달았다. 그들은 일반 학교에 발을 들여놓은 적도 없고, 고등학교 과정을 마칠 수도 없었으며, 외국 여행은 꿈도 꿀 수 없었다. 그렇다. 이 세상에는 그러한 사람들도 적잖이 존재한다. 나는 여름 캠프에서 그런 부류의 사람들을 만날 수 있었다. 캠프 이후엔 그들과 단 한 번도 만나지 못했다.

*

거기에는 보조 장치가 하나 있다. 그것은 매우 큰 힘을 들여야 움직일 수 있다. 아날로그식 장치에 증기 엔진을 사용하며, 조종 스틱에는 아무런 표식도 없으며 바퀴는 녹이 슬어 움직이지 않는다. 그것은 지하실에 보관되어 있다. 지하실에 가려면 계단을 내려가 문을 열어야 한다. 그 문은 잠겨 있으며 열쇠는 잃어버린 지 오래다.

그 보조 장치의 그림자 속에는 또 다른 세상, 또 다른 미래가 존재한다. 나는 어깨너머로 보았던 그 미래에서 도망쳐 나왔다. 내가 그토록 크나큰 노력을 기울였던 까닭은 결코 삶이라는 이름을 붙일 수 없는 대리적 삶, 대체 상품으로 취급되는 삶에서 벗어나기 위해서였다.

상태는 앞으로 한동안 더 호전되지도, 더 악화되지도 않을 것입니다. 그가 가정과 사회 속에서 가능한 한 정상적인 삶을 살 수 있도록 최상의 조건을 제공하는 것은 매우 중요합니다. 그는 뛰어난 재능과 능력이 있는 재원입니다.

소견서
1988년 9월 21일

그 이후에 있었던 일은 결코 저절로 이루어졌다고는 할수 없다. 교육, 직업, 가정. 통계적으로 본다면 저절로 발생할 수 있는 일과는 매우 거리가 멀다. 소위 뛰어난 재능과 능력이 큰 도움이 되었던 것은 사실이다. 여기에 더해 내가 발을 들여놓고자 했던 세계와 갖가지 보조 장치를 숙지한 가족이 있었던 것은 내게 큰 행운이었다. 물론 내가 기울인 노력도 빼놓을 수 없다. 그 노력은 바로 이 세계 속에서의 삶을 유지하기 위해 필수 불가결한 것이기도 했다. 하지만 노력 하나만으로는 결코 충분하지 않다.

나는 석사과정 첫해에 오슬로대학에서 강의를 하기 시작했다. 학생 신분으로 강의 책임을 맡는다는 것은 매우 신경이 곤두서는 경험이었다. 세월이 흐른 후, 그것이 일반적인 일은 아니라는 것을 알게 되었다. 그것은 이 세상엔 기회와 대안이 존재한다는 것을 상징하는 매우 특별한 일이기도 했다.

나는 그러한 기회와 가능성이 존재한다는 것을 이미 알고 있었다. 나의 부모님은 학자였고, 친구들은 나와 같은 꿈과 목표가 있었다. 나의 기대치는 항상 매우 높았다. 동시에 나는 아래를 내려다보는 것을 두려워했다. 여기에는 이중성이 존재한다. 나의 집무실에 보관된 문서에는 내가 특수병을 앓는 매우 연약한 어린이로 남아 있다. 그 문서에 따르면 평생 도움을 필요로 하는 어린이로 살아야 한다. 어떤 면에서 보자면 그것은 사실이라고도 할 수 있다. 나는 난간에 몸을 지탱하지 않고서는 계단을 오르지 못한다. 주방 선반에서 크고 묵직한 무쇠 냄비를 내리지도 못한다.

미국의 한 대학교에서 현재 나의 직위와 같은 자리의 공채 광고를 낸 적이 있다. 채용 조건은 15킬로그램 이상의 물건을 들어 올릴 수 있어야 한다는 것이었다. 나의 한계는 4~5킬로그램에 불과하다. 신생아 한 명을 겨우 들어 올릴 수 있다는 말이다. 나는 미국 대학에서 왜 그 조건을 덧붙였는지 잘 알 것 같았다. 물론, 그 광고는 얼마 후 불법으로 간주되어 사라졌다. 하지만 그들은 항상 나와 같은 사람을 배제하기 위해 앞으로도 이런저런 편법을 쓸 것이 분명하다.

두 개의 상반된 진실은 나란히 존재할 수 있다. 나는 특권과 취약성을 동시에 지니고 있으며, 내가 하는 일에 크나큰 노력을 쏟을 수 있지만 도움이 필요하다. 내가 현재에 이를 수 있었던 것은 나의 노력을 알아주고 부족한 것을 채워 주는 사회에서 살고 있기 때문이다. 행정 기관은 이를 이해하지도 못하며 이해하려고도 하지 않는다. 마치 내가 중력의 법칙을 어긴 존재라도 되는 듯. 그들은 오히려 나의 아내에게 나 대신 집안일을 더 하면 안 되느냐고 묻기까지 한다. 그들은 내게 왜 더 많은 도움이 필요하냐고 묻는다. 그것이 나의 건강 때문인지, 내가 아버지의 역할을 해낼 수 없기 때문인지, 또는 내 아들의 건강이 좋지 않기 때문인지 꼬치꼬치 캐묻는다.

나는 내가 필요로 하는 것이 무엇인지, 내 상태가 어떠한지 대답할 때에도 그들이 요구하는 수백 가지의 세세한 요구를 충족시켜야 한다. 그들은 진실을 이해하려 하지 않는다. 그들은 내가 행복하다는 것을 이해하지 못한다. 그들은 내가 행복한 삶을 사는 동시에 도움이 필요하다는 것을 이해하지 못한다. 그들은 심술궂게 한쪽 눈을 찡긋하며 내게 진정으로 만족할 수 없냐고 묻는다. 그들은 내가 만족한다고 대답하는 동시에 나에 대한 지원과 도움을 중지시킬 것이다. 그리고 어쨌거나 비참한 삶을 살 수밖에 없는 다른 사람들에게로 시선을 돌릴 것이다.

비참한 조건의 삶을 사는 사람들 중 하나가 소위 세속적 성공을 이루어 내고, 외국 여행을 하며, 대학교수로 지낸다는 것은 상당히 역설적이라고 볼 수 있다. 일반적이지는 않다는 말이다. 만약 행정기관과 지원 기관이 나와 같은 사람들에게 진정으로 도움을 준다면 이러한 역설은 표준이 될 수도 있을 것이다. 어쩌면, 궁극적으로 모든 이들이 도움을 요청하는 일도 생길 수 있지 않을까?

나와 비슷한 처지의 사람들은 여기저기서 많이 찾아볼 수 있다. 그런 사람들과 가끔 만나기도 한다. 하지만 그들과의 만남과 교류가 이루어지기까지는 15년이라는 세월이 걸렸다. 우리는 깊은 숲속에서 각자의 길을 걸어왔다. 옆을 돌아보며 서로 눈을 마주치는 것은 자주 있는 일이 아니었다. 우리는 숲속을 빠져나온 후에야 서로를 마주 보며 고개를 끄덕였다. 당신도 해냈군요!

우리는 피곤하다. 나는 피곤에 지쳐 있다. 아무리 노력해도 끝은 볼 수 없다. 하지만 그런 생각은 전혀 도움이 되지 않는다. 나는 다시 일어설 수밖에 없다.

어빙 고프먼

낙인이 찍힌 개인은 자신에게 닫혀 있는 사회의 문을 열어 보기 위해 개인적인 노력을 쏟음으로써 자신이 속한 상황을 간접적으로나마 개선해 보려 한다.

고프먼은 낙인을 손상된 정체성, 즉 스티그마라고 했다. 변색되거나 파괴된 정체성, 손상되거나 썩어 버린 정체성. 그 손상은 감염된 상처와 같아서 다른 부위로 번지며 부패와 부식을 초래한다. 이 경우 단지 몇몇 부분이나마 감염에서 보호하기 위해 솔깃한 시도를 한다. 우리는 이때 이 건강한 부위는 저 부위, 즉 손상된 썩은 부위와는 전혀 상관이 없다고 말하며 자위한다.

내가 원하는 것은 이것이 아니다. 나는 전 존재로서의 나 자신을 오롯이 인정하고 받아들이고 싶을 뿐이다. 나는 이 바람을 거의 이루어 냈다. 안타깝게도 세상에는 이 말을 할 수가 없다.

5

여기는 당신이 있을 곳이 아닙니다

이 세상에는 살지 못한 삶도 존재한다. 가끔 내 주변에 춤추듯 떠다니는 그것들을 보고 느낄 때가 있다. 그것이 물속의 공기 방울이든 존재하지 않는 것들의 그림자이든. 나는 이것들을 특정한 시간, 특정한 공간과 연결 짓곤 한다.

나는 톨스토이의 『안나 카레니나』에서 한 구절을 인용해 이렇게 말 한 적이 있다. "휠체어 사용이 자유로운 모든 도시들은 서로 닮았고, 휠체어 사용이 불가능한 도시들은 제각각 나름으로 다르다." 나의 의식 속에는 테르미누스가 순찰하는 곳이 있다. 그곳은 내가 스스로 한계를 설정하는 곳이다.

2002년 여름, 나는 무력감에 휩싸인 채 상트페테르부르크의 어느 집 2층에 앉아 있었다. 아침은 오전이 되고, 오전은 곧 오후가 되었다. 오후 1시쯤 나는 안절부절못했고, 오후 3시가 가까워질 무렵 절망하기 시작했다. 나는 학교 친구들을 기다리고 있었다. 그들에게 전화를 해 보았지만 연락이 되지 않았다. 아마도 그들의 휴대전화는 배터리가 방전되었거나 전원이 꺼져 있는 상태였을 것이다.

그날은 토요일이었다. 창밖을 내다보았다. 집 주변의 풍경은 황량하기 그지없었다. 먼지 가득한 땅 위에는 여기저기 잔디 뭉치가 삐죽 솟아올라 있었다. 내 기억 속에 있는 당시의 러시아가 그러하듯 그곳 역시 버려진 듯 황폐한 분위기를 머금고 있었다. 열린 트렁크를 노끈으로 칭칭 감아 고정시킨 채 도로를 달리는 자동차도 볼 수 있었다. 건물 내 엘리베이터 버튼은 거의 반 이상 없어진 상태였고, 끝없이 뻗은 도로의 가장자리에는 공사를 마무리하지 못한 채 앙상한 골조를 드러낸 고층 건물이 자리하고 있었다.

그렇게 홀로 남겨져 있자니 버림받은 듯한 느낌을 지울 수 없었다. 내겐 결코 익숙지 않은 상황이었다. 나는 오슬로에서의 삶에 적응된 사람이었다. 물론 오슬로의 대부분도 러시아와 마찬가지로 휠체어의 접근이 용이하지 않지만, 적어도 내가 갈 수 있는 곳만큼은 확실하게 알고 있었다. 정확한 수치를 말하기는 쉽지 않지만 오슬로 전철의 반 이상, 모든 버스, 그리고 레스토랑과 상점의 약 3분의 2 이상은 자유롭게 이용할 수 있었다. 나는 내 출발점을 기준으로 나만의 방식으로 움직이는 데 익숙해 있었다. 나는 세상이 내게 수적으로 더 적은 대안을 제시한다는 것을 이미 알고 있었기에, 내가 가고 싶은 학교가 아니라 내가 갈 수 있는 학교가 어딘지 신중하게 고려해야만 했다. 다행히도 나는 계획을 세울 수 있었고, 앞으로 나아갈 길을 볼 수 있었다.

의식적으로 인지하진 못했지만, 나는 내가 무엇을 할 수 있는지 또는 내가 어떤 삶을 살 수 있는지에 관한 한 외부적 요소에 의한 실질적 한계는 없다고 생각했다. 내가 어떤 일에도 포기하지 않고 맞부딪쳤던 것은 그러한 생각에 따른 합리적 결과라고도 할 수 있었다. 내가 한계를 맛보았던 것은 전적으로 나의 능력, 즉 나의 재능과 나의 의지 때문이었다. 15년 전만 해도 한계가 없다고 생각했던 나의 믿음을 더욱 굳건하게 만들어 준 이야기들을 더러 찾아볼 수 있었다. 그런 예는 오늘날 더욱 많이 찾아볼 수 있다. 특히, 인간이 기부 또는 지출 항목으로 설정될 수 있는 정치 경제 분야에서는 더욱 그러하다. 그러한 이야기들은 신체가 범죄나 삶의 틀로 작용하는 물리적 상황이 아니라, 수치심이나 자부심의 근거로 작용하는 문화에 더 잘 어울린다.

러시아의 작은 방에 홀로 남겨져 무력감에 어쩔 줄 모르는 내 모습을 떠올리니 이유는 알 수 없지만 미묘한 어렴풋함과 강렬함이 나를 감싼다. 어쩌면 그건 내가 다시 그곳에 갈 일은 없지만, 언젠가는 다시 그때와 비슷한 상황에 처할 수도 있다는 것을 잘 알고 있기 때문일 것이며, 동시에 러시아가 내게는 매우 상징적인 장소였기 때문일 것이다. 러시아에 가 본 적이 있는 사람이라면 아니, 책이나 화면을 통해서라도 러시아를 접해 본 적이 있는 사람이라면 러시아라는 나라를 개인적 신화의 한 일부로서 간직할 것이다. 러시아는 캘리포니아의 대척점에 있는 지역으로 세상 속의 저항적 요소, 즉 무겁고 음울하며 불변적 요소를 지니고 있다. 마치 음식을 힘껏 씹었을 때 갑자기 만나게 되는 딱딱한 돌조각처럼.

상트페테르부르크는 초기 한 세대 동안은 기둥과 널빤지밖에 볼 수 없는 도시였다. 당대의 차르는 모기로 가득한 거대하고 축축한 습지에 이 도시를 지어 올렸다.

그 일은 엄청난 의지와 폭력을 통해 이루어졌다. 허허벌판이던 그곳은 페테르 시대 이후 도시의 모습으로 변모했고, 카타리나 시대 이후에는 화려한 궁전과 거리와 전망이 자리한 유럽풍의 도시로 탈바꿈했다. 언뜻 암스테르담을 닮은 운하의 도시라고도 할 수 있었으나, 여전히 러시아의 고전적 분위기를 잃지 않은 그곳은 평민이 아닌 황제의 구미에 맞춰 건립된 도시였다. 또 한 가지 빼놓을 수 없는 것은 이 도시가 돌로 지어진 것이라는 점이다. 인간은 도시를 돌로 지어 올리거나 완전히 새롭게 탈바꿈시킬 경우 '위대한'이라는 수식어를 얻을 수 있다.

나는 십 대 중반부터 이십 대 중반까지의 시기에 러시아를 매우 낭만적인 시각으로 바라보았다. 더 정확히 말하자면 그것은 자기 학대적 낭만이었다. 왜냐하면 러시아는 너무나 무관심하고 냉소적인 이미지를 지니고 있었기에 그 효과는 거의 가학적이기까지 했기 때문이다. 나는 노르웨이에서 거의 들어 보지 못했던 말을 러시아에서 거의 매일같이 들었다.

도대체 여기서 뭘 하는 거죠?
여긴 당신이 있을 곳이 아닙니다.
얼른 나가세요.

러시아는 그러한 말을 입 밖으로 내뱉는 데 결코 주저하는 법이 없었다. 그럼에도 진실을 따져 보자면 러시아 역사를 통틀어 휠체어 사용자들은 다른 장애인들에 비해 그런 말을 듣는 횟수가 훨씬 적었다. 하지만 우리가 그 말을 듣는 사람들의 목록에 포함되어 있다는 것은 사실이다.

표도르 튜체프
(Fyodor Tyutchev)

러시아는 이성적으로 이해할 수 있는 나라가 아니다. 러시아는 믿고 느껴야 하는 나라다.

달리 말하자면, 그 나라는 물질주의를 혐오하는 이상주의적 나라다. 하지만 내가 만났던 물질주의는 보행로로 가기 위해 계단을 내려가야만 하는 널찍한 길, 거리에서 마주치는 적대감 어린 얼굴뿐이었다.

도대체 여기서 뭘 하는 거죠? 여긴 당신이 있을 곳이 아닙니다. 얼른 나가세요.

나는 내 머리 위에서 뱉어 내는 이런 말들을 너무나 분명하게, 수도 없이 들었다. 러시아의 지식인들은 항상 저항과 복종 사이에서 갈팡질팡해 왔고 선한 차르에 관한 희망과 꿈은 여전히 살아 있다. 이것은 학대를 당하는 아이들이 부모의 행동과 태도를 합리화하는 것과 마찬가지다. 분명히 그건 내 잘못이었을 거야. 부모님이 아무리 악하다 한들 설마 내게 이런 짓을 하겠어? 난 부모님 마음에 들 수 있도록 더 노력해야 해.

당시 나는 나 자신, 나의 삶을 더 크고 더 밝게 바라보려고 무진 애를 썼다. 철학적이고 이상적인 보호막을 원했고, 그 보호막이 내게 의미를 부여해 주기를 바랐다. 나이가 들면서 이러한 보호막의 필요성은 서서히 사라졌다. 대신 무언가를 직접 해낼 수 없는 내 몸에서 벗어나고자 하는 필요성은 더욱 강해졌다. 더 높은 목표를 찾고자 시도하는 것은 탈출과 회피를 시도하는 것과 마찬가지다.

나는 러시아에서 그간 방문했던 그 어떤 나라에서보다 더 많은 도움에 의존해야만 했다. 바로 그 때문에 다시 러시아를 여행할 기회가 있다면 가능한 한 피하고 싶은 마음뿐이다. 자신의 나라에서 당연하지 않은 것들을 명확하게 볼 수 있는 것은 매우 유용하다. 또한 자신의 나라에서 어떤 특정한 면이 과장되어 있거나 축소되어 있는지 꿰뚫어 보는 것도 유용하다. 역사의 흐름은 일방적이라 할 수 없다. 서로 다른 힘이 서로 다른 방향으로 끌어당기는 것이 역사다.

*

나는 상트페테르부르크의 노르웨이대학센터 건물 2층에 앉아 한계가 왔다고 생각했다. 물론 그전에도 한계를 느낀 적은 많았지만 그토록 강렬하게 온몸으로 느끼고 인지했던 것은 그날이 처음이었다. 그때까지만 하더라도 내게 한계는 눈에 보이지 않거나 받아들일 수 없는 것이었다. 왜냐하면 성공은 내게 무엇을 의미하는지, 충분하다는 것은 내게 무엇을 의미하는지에 대해 강렬하면서도 너무나 막연하게 생각했기 때문이다. 이런 생각은 다른 사람들—나보다 훨씬 똑똑하고 더 규칙적으로 생활하며, 더 열심히 일을 하거나 공부를 하고 자신에게 더 혹독한 사람들—처럼 되고 싶다는 바람에 근거를 두고 있었다. 그 덕분에 끊임없이 앞으로 나아갈 수 있는 동기 의식을 가질 수 있었고, 이런 생각들은 내게 매우 유용하면서도 필요한 것이라 여겼다. 내가 나아가는 방향이 어느 쪽인지 물어보기 위해 발을 멈추지 않았던 것도 같은 이유에서였다.

나는 너무나 오랫동안 긴장 속에서 부단한 노력을 하며 살아오다 보니 "이만하면 충분해"라고 큰소리로 말하는 것이 결코 쉽지 않다는 것을 깨닫게 되었다. 하지만 한 번쯤은 그런 말을 하는 것도 좋다. "이 일은 할 필요가 없어." 그렇다. 나는 내게 닫혀 있는 문을 억지로 열어야 할 필요도 없고, 내 자리가 없는 곳에서 억지로 내 자리를 만들지 않아도 된다.

러시아는 이런 반응을 내게서 이끌어 냈다. 왜냐하면 나는 러시아에서 몇몇 특정 한계를 느끼고 인지해야만 했기 때문이다. 러시아에서 3개월 동안 머물며 기초 과목을 섭렵하고 주요 과목을 선택하기 직전, 불현듯 이 일을 하고 싶지 않다는 생각이 스쳤다. 이 일을 했을 때 내가 얻을 수 있는 유일한 대가는 비슷한 종류의 공부를 더 많이 해야 한다는 것뿐이었다. 그곳, 그 나라는 내게 투쟁만 제공할 뿐이었다.

"이만하면 충분하다"라는 말은 세상을 있는 그대로 받아들인다는 의미다. 동시에, 다른 세상을 향한 동경을 포기한다는 의미와도 같기에 때로는 고통스럽기도 하다. 모든 상실의 경험이 고통을 수반하는 것과 마찬가지로. 상실의 경험은 슬픔을 동반한다. 슬픔은 더는 가능하지 않은 일, 더는 현실적이지 않은 것들 때문에 생겨난다. 슬픔은 어떤 물건이나 사람과 앞으로 영원히 함께할 수 없다는 사실을 인지할 때 생겨난다. 이때 함께할 수 없는 사람은 자기 자신 또는 자기 자신의 한 부분일 수도 있다.

어빙 고프먼   자아는 주어지는 것일 뿐 아니라 받아들여야 하는 것이다.

나는 러시아에서 가능한 것과 불가능한 것의 경계보다 더 중요한 또 다른 경계가 있다는 것을 깨달았다. 그것은 바로 평생을 바쳐도 될 만큼의 값진 것과 그렇지 않은 것의 경계였다. 그 경계가 어디에 있는지, 또 경계 너머에 무엇이 있는지 알 수 없었지만 그 의미를 깨달았다는 것만으로도 만족했다. 그때 이후 나를 원하는 곳, 나를 받아들이는 곳으로 서서히 발길을 돌리기 시작했다. 그것은 일종의 시작이라고도 할 수 있었다.

*

낙인이 찍힌 개인은 자신에게 닫혀 있는 사회의 문을 열어 보기 위해 사적인 노력을 쏟음으로써 자신이 속한 상황을 간접적으로나마 개선해 보려 한다. — 어빙 고프먼

심오하고 정서적으로 의미심장한 변화는 저항을 수반하지 않는다. 나는 상트페테르부르크에서 약 한 달 동안 머물렀고, 암스테르담에서는 약 반년을 머물렀다. 학업 장소로서 그다지 탁월한 선택이라고는 할 수 없었다. 두 도시는 거리와 운하의 패턴이 비슷했으며, 둘 다 구시대와 비실용성을 명백하게 의역한 역사와 그림 같은 풍경을 지니고 있었다. 암스테르담에서는 최소한 한 달에 한 번 자동차가 운하에 처박히는 일이 일어났다. 그럴 때면 견인회사에서 나온 구조 차량이 마치 과거의 차갑고 탁한 물속에서 공황에 빠진 말을 끌어내듯 사고 차량을 견인해 내곤 했다.

옛말 중에 '다른 결과를 기대하며 똑같은 실수를 반복하는 것은 미친 짓'이라는 말이 있다. 내가 기대했던 결과는 무엇이었던가? 나의 주변 상황이 저절로 변할 것이라 믿었던가? 아니면 내가 주변 상황을 바꿀 수 있다고 믿었던가? 언젠가 암스테르담을 미로처럼 묘사한 단문

을 쓴 적이 있다. 아직도 암스테르담을 생각할 때면 금방이라도 길을 잃을 수 있는 미로를 떠올리곤 한다.

암스테르담에서 공부했던 다음 해에 친구들과 함께 다시 그곳을 방문했다. 어느 날 저녁, 친구들은 나보다 훨씬 늦게 숙소에 도착했다. 그들은 미로 같은 도시에서 길을 잃은 것이다. 시내 중심의 대학 건물에서 시작되는 나선형의 길은 외곽 쪽으로 가면서 점점 더 넓어지고 복잡해지기 때문이다. 암스테르담에서 길을 잃는 것은 피할 수 없는 일이다. 발을 옮기다 보면 뭍이 물로 변하고 땅이 사라지는 지리적 수수께끼에 마주칠 때도 있다.

암스테르담에는 운하를 따라 자전거 도로가 뻗어 있다. 나는 자전거 도로에서만큼은 재바르게 휠체어를 조종할 수 있다. 길가에는 길쭉하고 비좁으며 출입문 앞에 가파른 계단이 자리한 역사적이고 그림 같은 집들이 나란히 자리하고 있다. 왜 하필이면 거기, 바로 그 도시였어야만 했을까? 아직도 이 질문에 대한 대답을 찾지 못했다. 그저 절망적으로 벽에 머리를 찧을 뿐. 어쩌면 나는 여전히 벽이 나보다 훨씬 빨리 무너질 것이라 믿고 있는 건 아닐까.

나는 대학 건물만큼은 자유자재로 출입할 수 있었다. 대다수의 대학 건물은 종종 가장 개방적이며 접근 문턱이 상당히 낮은 공공장소의 하나라고 할 수 있다. 개인의 집이나 지하에 있는 클럽과 바 등의 은신처와는 다르다.

나는 암스테르담에서 약 반년 동안 공부하면서 항상 표면에만 머물렀다. 내가 공부했던 것은 심리 철학, 인간

언어와 프로그래밍 언어의 관계, 형식 의미론과 화용론 등이었다. 이러한 주제는 인공지능 개발을 위한 근간 지식으로 활용될 뿐 아니라 인공지능과 인간의 의식을 구분하는 해석과 이해에 도움을 준다.

내가 암스테르담에 갔던 이유를 설명하는 것은 어렵지 않다. 가장 먼저 도시의 크기와 그곳에서 공부할 수 있는 학문에 매료되었다. 그보다 더 중요한 이유는 학업 성취도가 뛰어나고 학문적 야망을 지닌 학생이라면 한 번쯤은 외국에서 공부를 해야 한다는 시대적 사조 때문이었다. 하지만 아무리 노력해도 내가 그곳에서 무엇을 하고 있었는지 완벽히 이해하기란 쉽지 않다.

그것은 쉽지 않은 일임과 동시에 너무나 쉬운 일이기도 했다. 그것은 추상적인 삶의 프로젝트를 향해 한 걸음 한 걸음 앞으로 나아가 보려는 시도였다. 그것은 해야 할 일을 해 보려는 시도이기도 했다. 여기서 해야 할 일이라는 것은 당시 나의 상황을 고려했을 때 파리정치대학, 옥스퍼드, 하버드, 또는 미국이나 유럽의 다른 대학에서 한동안 공부를 해 보는 것이었다. 사람들은 이 일을 통해 소속감과 특정 수준을 유지하는 능력, 그리고 자신이 세상을 움직이는 사람들 중 하나라는 것을 증명한다. 그래서 나도 그렇게 해 보려 했던 것이다. 이 일은 내게 더 많은 노력을 요구했다. 하지만 나는 계속해서 벽이 무너질 때까지 머리를 부딪쳤다. 벽 너머에는 또 다른 벽이 있었다. 사람들은 바로 이런 방식으로 미로를 만들어 내는 것이 아닐까.

*

처음 한 달은 대체로 날씨가 온화하고 맑았다. 나는 쓰러질 듯 볼품없는 건물 내에서 숙식을 해결했다. 내가 묵었던 학생회관 기숙사는 암스테르담에서 가장 아름답고 역사가 깊은 프린셍라흐트, 즉 '왕자의 운하'의 가장자리에 자리 잡고 있었다. 휠체어를 타고 들어갈 수 없는 카페에선 종종 운하 바로 옆에 야외 테이블을 펼쳐 놓았기에, 가끔 용기를 내어 그곳에서 커피를 주문하기도 했다. 수리를 앞둔 학생회관은 대학에서 제공하는 기숙사 중 유일하게 휠체어 사용이 용이한 곳이었다. 건물의 로비는 크고 어둑어둑했으며, 가끔 일하러 온 인부들이 나를 이상하게 쳐다보기도 했다. 그들은 마치 시설에서 파생된 이상한 생명체를 보는 듯한 눈으로 나를 보았다.

나는 라비올리나 토르텔리니를 불 위에 올려놓고 레드 페스토 즉석 소스를 부은 후 데워 먹었다. 가끔은 샐러드를 곁들이기도 했다. 자취방의 커다란 창문은 갖가지 식물과 꽃으로 가득한 정원을 향해 나 있었다. 그 정원을 볼 때마다 식물원을 떠올렸다.

나는 매일 안네프랑크박물관과 교회를 지나다녔다. 교회 종소리는 15분마다 울려 퍼졌다. 나는 미셸 쇼크드 (Michelle Shocked)의 앨범《더 텍사스 캠프파이어 테이프(The Texas Campfire Tapes)》에 수록된〈암스테르담의 새벽 5시(5 A.M. in Amsterdam)〉를 즐겨 들었다.

암스테르담의 새벽 5시
시각을 어떻게 아냐고요?
공원 옆에는 교회가 있답니다.

교회 종소리는 죽어 가는 어둠을
다섯 번 어루만져 줘요.
그러면 하루가 시작된답니다.

지금도 암스테르담이라는 도시에 그보다 더 잘 어울리
는 노래를 들어 본 적이 없다. 그 노래를 들으면 여전히
낭만을 느낄 수 있다. 15년이 지났다. 그게 전부였다. 나
는 그해 가을 너무나 짙은 외로움에 허덕였다. 그 가을
의 색조와 분위기가 만들어 내는 메아리는 지금도 가끔
내 귓전에 다가오곤 한다.

언젠가 러시아의 스탈린 독재하에서 자행되었던 테러
에서 살아남은 한 여인의 이야기를 읽은 적이 있다. 여
인은 너무나 짧은 시간에 많은 사람들을 잃었다. 그 수
는 다른 이들이 평생을 두고 잃는 사람들의 수보다 훨씬
많았다. 그럼에도 "난 그때 어렸다는 점을 기억하세요"
라고 말하는 여인의 모습에서 감상적인 면은 조금도 찾
아볼 수 없었다.

비는 10월 초부터 끊임없이 내렸다. 11월이 되자 나는
우울해지기 시작했다. 비 때문에 우울증을 더 빨리 발견
했을 수도 있다. 아니, 어쩌면 외부적 조건에 책임을 돌
릴 수 있었기에 우울증을 뒤늦게 발견했을지도 모른다.

나는 네덜란드 심리치료사를 찾았다. 상담은 영어로 진
행되었다. 문제는 그 어느 쪽도 영어로 대화를 하는 데
익숙지 않았다는 사실이다. 나는 내가 왜 우울한지 설
명할 수 없었고, 그는 내가 왜 네덜란드에 왔는지 이해
하지 못했다. 그는 더듬거리는 영어로 내 우울증이 휠체
어와 관련이 있느냐고 물었고, 그 때문에 내가 삶을 고

되게 여기는지 궁금해했다. 상담은 다음 시간으로 이어졌다. 그는 자신을 찾아온 낯선 외국인 학생의 우울증의 원인을 여전히 나의 외적 요건에서 찾으려 시도했다.

*

그해 늦가을, 여전히 암스테르담에 머무르던 나는 불현듯 애인을 사귀고 싶다는 바람에 휩싸였다. 거기에 더해 언젠가 한 아이의 아버지가 되고 싶다는 바람도 품게 되었다. 물론 당시엔 그것이 가능한지의 여부도 알 수 없었다. 이십 대가 한참 지난 후에야 이러한 생각들을 언어의 힘을 빌려 구체적으로 형성할 수 있었다. 그것은 마치 수년 동안 꿈속에서 어렴풋이 보았던 얼굴을 마침내 선명하게 알아본 것 같은 느낌이었다.

이처럼 스스로 인정을 하고 나니 그 바람은 더더욱 선명해졌다. 나는 집으로 돌아가기로 결심했다. 성탄절이 멀지 않은 날이었다. 부모님은 나를 데리러 왔고, 우리는 경유지인 독일의 킬(Kiel)에서 함께 페리를 타고 노르웨이에 도착했다. 원래는 다음 해 여름까지 1년 동안 암스테르담에 머무를 예정이었지만, 그 계획을 포기해야만 했다. 그것은 패배이자 승리이기도 했다. 계획을 포기하고 기대에 부응하진 못했지만 진정으로 필요한 일을 한 셈이었다. 그렇게 생각하니 말할 수 없는 자유의 느낌이 온몸을 휘감았다.

집으로 돌아가기 전 가장 힘들었던 일은, 내게 머물 곳을 찾아 주었던 학생처 자문위원과의 갈등을 해결하는 것이었다. 그는 내가 다음 학기에 강의 신청을 하지 않았다는 것을 발견하고 상당히 날카로운 말로 가득한 이메일을 보내왔다. 그의 이메일을 읽노라니 마치 내가 행실이 나쁜 그의 가까운 친척이라도 되는 것 같았다. 우리는 짧은 전화 통화도 했다. 전화상에서의 그의 어투 또한 이메일상의 분위기와 다르지 않았다. 요점은 그가 나를 위해 갖은 노력을 다했음에도 불구하고 나는 그의 노력을 본체만체 학업을 중단했다는 것이었다.

*

노르웨이의 집으로 돌아온 후, 모국어로 상담을 할 수 있는 심리치료사를 찾았다. 그와 마주앉은 후 채 몇 시간도 지나지 않아—아니 어쩌면 그것은 몇 분에 불과했을지도 모른다—나는 내가 왜 우울한지 정확하게 설명할 수 있었다. "내가 원하는 것은 다른 사람들이 원하는 것과 다르지 않습니다. 하지만 나는 그들과 다릅니다. 바로 그 때문에 내가 원하는 것을 얻기란 너무나 힘듭니다."

나는 심리치료사에게 영화 〈베를린 천사의 시〉에서 천사에게 일어났던 일이 왜 내게 그토록 강렬한 인상을 남겼는지 이야기했다. 이야기 도중 나는 심리치료사에게 명백한 치유의 메타포를 제공한 사람은 바로 나이며, 내가 그간 얼마나 노력을 해 왔는지 스스로 깨닫게 되었다.

치료는 생각보다 빨리 진행되었기에 놀라지 않을 수 없었다. 적어도 수년에 걸쳐 치료를 받아야 된다고 생각했기 때문이다. 나 자신을 이해하기 위해 겹겹이 쌓인 과거의 이야기들을 파헤치는 장기적 정신분석학적 치료가 이루어질 것이라 예상한 것이다. 하지만 알고 보니 나는 이 과정을 이미 스스로 이행했던 것이나 마찬가지였다. 그 통찰은 표면과 이미 너무 가까워서 그것의 윤곽을 어렴풋하게나마 볼 수 있었다. 나는 지난 수년 동안 그러한 생각들을 바탕으로 스스로 치료를 해 온 것이다. 단지, 그 사실을 간과했을 뿐.

어쩌면 그것은 너무나 명백했기 때문에 간과했을지도 모른다. 심리치료사 또한 이 점을 지적했다. 그는 내가 이미 많은 부분을 스스로 인지하고 있을 것이라 말했다. 그는 내게 이미 알고 있는 것들을 큰소리로 말해 보라고 했다. 그러다 보면 그중 대부분은 나뿐만 아니라 나를 아는 사람들도 이미 알고 있었다는 사실을 깨닫게 될 것이라 덧붙였다.

내 몸이 이렇게 된 것은 내 잘못이 아니다. 이것은 그 누구의 잘못도 아니다. 내 신체의 장애는 결코 숨길 수 있는 비밀이 아니다. 가장 중요한 것은, 내게 찾아온 장애를 충분히 슬퍼할 수 있다는 사실을 온전히 받아들이는 것이다.

*

소설에서는 육체적 능력과 정신적 능력을 맞바꾸는 이야기를 자주 접할 수 있다. 즉, 정신적 능력을 위해 몸을 희생하는 것이다. 신들의 왕 오딘은 한 잔의 지혜를 위해 한쪽 눈을 포기했다. 영화 〈엑스맨(X-Men)〉의 프로페서 X는 텔레파시 능력을 얻는 대가로 휠체어에 앉아 살아야 했다. 나는 내가 태어나기 직전 또는 직후에 바로 그와 비슷한 선택을 했다고 믿는 사람들을 만난 적이 있다. 그들은 곳곳에 의미로 가득한 대성당을 원하며, 모든 삶은 내면의 도덕적 논리를 바탕으로 형성되어야 한다고 믿는 사람들이다.

이러한 태도에서는 굳이 종교적 근거를 찾을 필요가 없다. 세상의 모든 일은 신의 섭리하에 일어난다고 믿지 않아도 얼마든지 이런 생각을 할 수 있다는 말이다. 심지어는 진부한 옛 속담에서조차 찾아볼 수 있다. "세상에는 그 어떤 것에도 도움이 되지 않을 만큼 전적으로 나쁜 것은 없다. 문이 닫히면 창문이 열린다. 나를 죽이지 못하는 고통은 나를 더 강하게 만들어 준다."

이는 도덕적 논리를 이용해 접근했을 때 더 쉽게 설명할 수 있다. 도덕적 논리란 것은 화자가 모든 불필요한 것을 도려내는 데 도움을 준다. 나는 휠체어를 타는 장애인이기 때문에 작가와 학자가 될 수 있었다. 나는 지식인이기 때문에 휠체어를 타는 데 적합하다. 위의 두 문장 중에서 화자가 가장 좋은 이야기를 끄집어낼 수 있도록 도움을 주는 것은 무엇일까?

이야기에는 세상이 들어설 자리가 없다. 이야기를 하는 것은 기억하는 것이고, 기억하는 것은 잊는 것이다.

호르헤 루이스 보르헤스(Jorge Luis Borges)는 '푸네스'라는 이름을 가진 남자를 주인공으로 한 단편소설을 썼다. 말에서 떨어져 정신을 잃은 푸네스는 눈을 뜬 후 자신의 온몸은 마비되었으나 완벽한 기억력을 얻었다는 사실을 깨닫는다. 그는 침대에 누워 모든 것을 기억해낸다. 기억 속의 이미지는 사진처럼 선명하나, 그 또한 현실에서와 마찬가지로 흐릿한 사각지대를 포함하고 있다. 푸네스는 세상을 이렇게 바라본다.

그의 새로운 능력은 거의 재앙이었다. 푸네스의 기억력은 믿을 수 없을 정도로 굉장했다. 그는 물밀듯이 쏟아져 들어오는 기억의 조각들을 가려내지 못한 채 각각의 디테일에 빠져 허우적거렸다. 앞에서 보는 강아지의 모습은 옆에서 볼 때와 다른 것처럼, 각각의 기억은 너무나 달랐다. 그는 두 개의 서로 다른 이미지를 한데 조합할 수가 없었다. 그것이 동일한 강아지라는 것을 보지 못했던 것이다. 세상은 세세한 디테일로 가득 차 있다. 이제 그의 사고능력조차도 마비되었다. 그는 사유 속에서 움직일 수가 없었다. 생각하는 행위는 망각의 행위가 되어 버린 것이다.

나는 이 책을 쓰며 수없이 고치기를 반복했다. 각각의 일들과 기억을 써 내려갈 때마다 그것은 나 자신에 관한 기록이 된다는 것을 깨달았기 때문이다. 나는 내 속에서 나를 끄집어내 탁자 위에 얹어 놓고 뚫어지게 바라본다. 혹시 전체적 흐름에서 벗어나진 않을까? 내가 보여 주고 싶은 내 모습에 적합할까? 숨기고 싶은 것들을 은연 중에 내보이게 되진 않을까? 나는 여덟 살 때 같은 반 여학생을 밀쳤던 적이 있다. 아니, 여학생의 책상 위에서 무언가를 끌어당겨 내동댕이쳤을지도 모른다. 선생님은 내게 여학생을 향해 사과하라고 말했다. 나는 그 아이를 향해 "만약 정말 그런 일이 있었다면, 내가 사과할게"라고 말했다.

나는 오래된 기록 속에서 내게 익숙한 내 모습을 발견할 수 있었다. 나는 임상적 언어, 학문적 언어뿐 아니라 모든 종류의 공식적 언어 형태에 익숙하다. 뿐만 아니라 굉장히 분석적인 성격을 지니고 있다. 심지어는 이다와 말다툼을 할 때도, 내 머릿속에는 '만약 네가 지금 그런 말을 하는 대신 이런 말을 하면 어떤 일이 생길까?'라는 속삭임이 고개를 들 때가 있다. 나는 내면의 자가 검열 기능을 배제하는 것을 배워야만 했다. 눈앞의 상황을 회피하거나 스스로 대법관이라도 된 것처럼 행동하는 것보다는 차라리 그 순간의 상황에 불같이 화를 내며 감정을 폭발시키는 것이 나을 때도 있기 때문이다.

임상적 시선은 거울 속과 매끈한 표면 위에서 나를 기다리고 있다. 나는 내 몸에서 특히 눈에 띄는 부분을 바라본다. 그것은 의료진들의 눈에 보이는 바로 그 부분이다. 야윈 두 다리, 뒤틀린 발을 제자리에 잡아 두는 기괴한 형태의 신발, 굽은 두 팔. 나는 그 또한 나의 모습이라는 것을 잘 알고 있다.

임상적 언어는 내가 살아 있는 한 나를 따라다닐 것이다. 나는 그것을 회의에서 쓸 수도 있고, 무릎을 꿇고 쓸 수도 있지만, 결코 지울 수는 없다. 나는 적응을 해야 한다. 그 언어의 본질과 기능을 이해하기 위해 노력해야 한다. 내 삶의 역사를 지울 수는 없듯 그것을 내 머릿속에서 지울 수 없다.

종종 끝을 상상해 보고는 한다. 모든 실질적인 문제들을 해결하고, 모든 질문들의 대답을 찾고, 해야 할 모든 일들을 마무리한 후 이 모든 것에서 손을 떼는 상황 말이다. 불현듯 그것은 죽음과 다름없다는 생각에 몸을 맡긴다. 그것은 인간의 삶이 아닌 것이다. 다시 힘을 내야만 한다.

*

지질학적 변천 과정과 마찬가지로, 한데 모여 압축된 시간은 공간으로 변한다. 2005년, 2008년, 2009년, 2011년,

2013년, 그리고 2014년. 나는 노르웨이에서 캘리포니아로 여섯 번 이동했다. 파리를 경유할 때도 있었고 암스테르담이나 런던을 경유할 때도 있었다. 캘리포니아는 항상 같은 모습과 같은 정서를 유지하고 있었다. 유칼립투스향, 강렬한 햇살, 날카로울 정도로 맑은 공기. 어느 해였던가? 이것들이 속한 해는 언제였던가?

여섯 번의 캘리포니아 여행 중, 약 절반에 이를 때쯤의 기억을 더듬어 보면 이다가 그 속에 자리하고 있다. 나는 여전히 이다가 없는 캘리포니아를 기억하고 있지만, 지금은 그 기억을 되살리려면 적지 않은 노력을 해야 한다. 나는 항상 노력한다. 나는 노력하고, 나의 노력을 기억하며, 과거의 노력을 기억하기 위해 또 노력한다. 그것이 바로 지금의 내 삶이다. 이다와 함께하는 삶. 내가 항상 원했던 삶. 나의 가족, 나의 집, 그리고 나의 일과 함께하는 삶.

토킹 헤즈   스스로 자문해 보세요.
(Talking Heads)   내가 어떻게 여기까지 왔는지.

6

언어의 중력장, '얀그루에신드롬'

처음으로 캘리포니아에 갔던 2005년에는 그곳에서 공
부하던 친구들을 만나기 위해서였다. 그들은 높다란 울
타리로 둘러싸인 작은 집의 2층을 세내어 살고 있었다.
정원은 버클리 외곽의 다른 집들과 마찬가지로 정성 들
여 가꾼 온갖 꽃과 식물로 가득했다. 나는 첫날 밤 매우
늦게 잠들었고, 다음 날은 시차 때문에 잠에서 채 덜 깬
상태로 눈을 떴다. 화장실 변기의 물 내려가는 소리는
이상할 정도로 낯설었고 내 집이 아닌 다른 곳에서 묵을
때면 어김없이 찾아오는 낯선 느낌에 시달렸다. 나는 어
렸을 때 친구 집에서 잔 적이 거의 없었다. 바닥에 깔아
놓은 매트리스 위에서 잠을 자는 것도 불편했거니와, 매
끈매끈한 욕조 안에서 샤워를 하는 것도 서툴기만 했다.
시간이 흐르면서 집 밖에서 잔다는 것은 내게 이국적으
로 느껴지기까지 했다. 물론 여행을 하는 것도 마찬가지
였다. 노르웨이에서 캘리포니아로 유학을 간 내 친구 두
명은 이미 그곳을 집으로 여기는 모양이었다. 나는 그
들을 보며 집을 떠나 사는 것도 충분히 가능하다는 것을
알게 되었다.

다음 날, 우리는 대학 건물을 향해 함께 걸었다. 거의 한
시간이나 걸린 그 길은 차를 타야 하는 거리였지만, 우

리는 주변 풍경을 감상하기 위해 걷기를 택했다. 마을 분위기는 노르웨이의 빌라 지역인 빈데렌, 토센, 노르드베리 등을 연상시켰지만, 정원은 노르웨이와는 달리 각종 선인장과 이국적인 꽃으로 가득했다. 길가에는 그다지 규모가 크지 않은 스페인식 아시엔다(hacienda, 대농장)와 각진 기능성 건축물, 그리고 모조 통나무집들이 나란히 서 있었다. 보행로는 콘크리트 판석으로 이루어져 있었으며, 여기저기 불쑥 튀어나온 나무뿌리 때문에 나의 수동 휠체어는 중심을 잃기 일쑤였다.

여기저기 갖가지 야자수와 소나무 등 나무가 없는 곳이라곤 없었고 항상 은은한 유칼립투스향을 맡을 수 있었다. 나는 그때부터 특유의 향과 맛 때문에 본능적으로 버클리라는 곳에 빠져들었다. 취한 듯 몽롱한 상태는 시차 때문에 점점 더 강렬해졌다. 새벽 4시에 허기와 함께 잠을 깼고, 저녁 9시엔 그날 하루가 남긴 잔상 때문에 취한 듯 몽롱해졌다.

우리는 차를 타고 샌프란시스코를 둘러보았다. 거의 수직으로 보이는 깎아지른 듯한 언덕을 오르내렸고, 골든게이트를 지나 북쪽의 마린카운티에도 가 보았으며, 고시대를 상기시키듯 레드우드 나무로 빽빽한 뮤어 숲에도 가 보았다. 우리는 도시의 남쪽에 자리한 미션 지역의 길을 따라 걸었고, 카스트로에서 치폴레를 곁들인 블러디 메리를 마셨다. 나는 주변 광경을 하나도 놓치지 않기 위해 마치 알카트라즈 감옥에서 탈옥이라도 하려는 사람처럼 시도 때도 없이 주위를 두리번거렸다. 하지만 내가 원했던 것은 그곳을 빠져나오는 것이 아니라 그곳에 머무는 것이었다. 그래서 그곳이 내게 적합한 도시인지 직접 알아보고 싶었던 것이다.

바트(BART, 샌프란시스코를 연결해 주는 장거리 전철) 역의 엘리베이터 내부는 상당히 널찍했다. 하지만 그중 몇몇은 문 두 개가 90도 각도로 서로 마주한 채 나 있었다. 나는 눈어림으로 재어 본 후, 곰곰이 생각해 보았다. 만약 출입구가 양쪽으로 마주한 엘리베이터에 전동 휠체어를 타고 들어간다면, 내릴 때 다른 쪽 문으로 나오기 위해 엘리베이터 안에서 휠체어를 돌려야 하는데, 그게 가능할까? 대다수 학교 기숙사는 신축 건물이지만 유학생과 교환학생의 기숙사는 백 년도 더 된 듯한 낡은 건물이었다. 과연 내가 이곳에서 지낼 수 있을까? 이곳의 결정권자는 누구일까? 신청서를 보내고 자문을 받으려면 누구에게 연락을 해야 할까? 또 무엇을 해야 할까? 모든 일에는 해결해야 할 세부 사항이 있다. 긴장감에 시달릴 때, 무언가를 진정으로 원할 때면 내 머릿속의 생각들은 마치 얼음 결정체처럼 가지를 치며 뻗어 나간다. 나는 합리적이고 이성적인 모든 가능성을 동시에 생각해 내려 시도한다. 나는 이처럼 흥분된 느낌과 강박적 사고 때문에 밤에 잠을 이루지 못한다.

우리는 그곳에 일주일간 머물렀다. 1985년 결성된 영국 밴드 '더 붐붐룸(The Boom Boom Room)' 콘서트를 관람했고, 고래를 구경하기 위해 포인트라이스 해안까지 차를 타고 갔을 때는 태평양 바닷속으로 사라지는 석양만 보았을 뿐이지만 우리는 매우 만족했다. 스틴슨 해변에서는 샌드달러 레스토랑에서 햄버거를 먹기도 했다. 11월이었지만, 어떤 날은 노르웨이의 찬바람이 불고 햇살이 쨍쨍한 6월을 연상시키기도 했다. 나는 세상 그 어느 곳보다 더 그곳에 살고 싶었다.

어느 날 오전, 아버지에게서 전화를 받았다. 노르웨이 시각으로 따진다면 저녁 무렵이었을 것이다. 나는 무언가 큰일이 났다고 짐작했다. 어떤 면에서 보자면 내 짐작은 틀리지 않았다. 내가 세 살 때 받았던 진단이 잘못된 것이라는 사실을 통보받은 것이다. 과거보다 더 정확한 유전자 검사를 바탕으로 한 새로운 진단 결과가 나왔다. 검사 결과는 음성이었다. 너무나 간단했다.

나는 어렸을 때부터 내가 척수근육위축증을 타고났다는 것을 알고 있었다. 그 병으로 인해 내 정체성의 혼란을 겪진 않았지만, 그것이 나의 눈동자 색깔이나 내 손가락의 개수를 결정짓는 것과 마찬가지라는 것쯤은 알고 있었다. 그런데 그처럼 오랫동안 믿어 왔던 것이 한순간 연기처럼 사라져 버린 것이다.

나는 아버지와 오랫동안 전화를 할 수 없었다. 국제전화 분당 요금이 꽤 비쌌을 뿐 아니라 연결 상태도 그다지 좋지 않았기 때문이다. 몇 분 후, 나는 전화를 끊었다. 정적이 감돌았다. 손가락 하나도 까딱할 수 없었던 나는 가만히 앉아 있기만 했다. 그곳에 꼼짝 않고 앉아 있던 나를 제삼자의 눈으로 바라보았다. 얼마나 오래 앉아 있으면 눈물이 날까. 곧, 울음이 터져 나왔다.

나는 지금까지와는 다른 방식으로 울고 또 울었다. 통제할 수 없으리만큼 눈물이 흘렀다. 무언가 갑자기 무너져 버린 것 같기도 했고, 계류용 밧줄이 끊어진 것 같기도 했다. 슬픔이 솟아올라 넘쳐흘렀다. 나는 집에서 너무나 멀리 떨어져 있었고 예상치 못한 이상한 방식으로 자유를 얻었다.

병의 진단은 매우 사적인 것이다. 그것은 일종의 해결책
이다. 전혀 모르고 있던 상태에서 진단을 받았을 때는
해방감처럼 여겨질 때도 있다. 그것은 걱정이 불필요했
다는 것을 증명해 주기도 하고, 무언가 진정으로 잘못되
었다는 것을 증명해 주기도 한다. 그것은 종종 나의 현
실감각이 잘못되지 않았으며 스스로를 믿어도 된다는
것을 증명해 줄 때도 있다. 그것은 마음의 안정을 가져
다주기도 한다.

만약 병이 여전히 진행 상황에 있다는 진단을 받게 되
면, 그것은 불안의 원인이 되기도 한다. 그것은 미래의
이미지를 다시 만들어 내며 원치 않는 곳으로 향하는 지
도를 떠넘긴다.

병의 진단은 자체적 중력장을 가진다. 그것은 무게를 지
닌 다른 개념과 마찬가지로 정체성을 형성한다. 그것은
성별과 신체라는 공통 사항을 지니고 있다. 병의 진단을
단 한 번도 받아 보지 않은 사람들은 그것에 대해 알지
못한다.

나의 일부분이라 여기고 있던 병명이 어느 날 갑자기 사
라진다면 어떻게 될까? 무언가 사라진 것 같지만, 그것
은 처음부터 존재하지 않은 것이다. 여전히 남아 있는
것은 예나 지금이나 달라진 것이 없다.

모든 것은 이전과 다름이 없다. 단지 이름만 바뀌었을
뿐. 그러나 바뀐 이름은 모든 것을 변화시켜 버린다. 내
몸은 이전과 똑같지만, 이전과는 다른 방식으로 내 몸의
역할을 해내고, 나는 이전과 다른 책임감을 느낀다.

병의 갑작스러운 악화는 일어나지 않을 것이라 했다. 척수근육위축증은 진행되는 병이지만, 내 병은 더 진행되지 않았다. 오히려 예전보다 더 강해졌다. 나는 여전히 두 발로 걸을 수 있다. 이제 나는 내 몸을 믿을 수 있게 되었다. 진단은 잘못된 것이었다.

*

병의 진단이 잘못된 것이라 밝혀졌어도 내 몸은 이전과 달라진 것이 없다. 나는 여전히 정원을 거닐거나 계단을 오르내리는 데 어려움을 겪는다. 달라진 것이 있다면, 이제 내가 생각했던 것보다 앞으로 살날이 더 많이 남았을지도 모른다는 점이다. 나는 언젠가는 죽을 것이다. 나는 그날이 올 때까지도 다른 사람들보다 훨씬 연약한 상태로 살게 될 것이다.

*

나는 항상 예측된 삶보다 훨씬 나은 삶을 살아왔다. 우리 가족의 지인이자 유전의학 전문의인 아르비드는 내게 농담처럼 '얀그루에신드롬'이 있다고 말했다. 나는 항상 그 말을 기억하려 노력했다.

유전학은 급속도로 발전 중인 학문이라고 한다. 하지만 과학의 시간적 척도는 인간이 일상생활을 영위하는 속도와 일치하지 않는다. 지식은 종종 몇만 분의 1초를 바탕으로 발전하기도 하지만, 그것이 임상적 활용 단계에 이르기까지는 수십 년이 걸리기도 한다. 항생제의 발견은 모든 것을 바꾸어 놓았다. 그럼에도 수 세대가 지난 오늘날 우리는 병균이 내성을 지니고 새롭게 진화하는 것을 목격한다.

나는 비유담에 등장하는 불교 승려를 떠올린다. 그는 개별적인 일에 관해 좋다 나쁘다를 구분하지 않고 항상 "두고 보자"라는 말로 결론을 내렸다. 이제 내가 알고 있던 내 병의 진단명은 사라졌다. 그리고 나는 미래에 관해 "두고 보자"라는 말을 할 수 있는 자유를 얻었다.

*

OSL-SFO(오슬로-샌프란시스코). 2008년 봄. 비행기는 활주로를 향해 움직이는 중이었다. 기내의 물건들이 제자리에서 벗어날 정도로 심하게 요동쳤다. 내 앞좌석 등받이에 접혀 있던 간이 테이블도 소리를 내며 덜컹거렸다. 나는 얼른 비행기가 이륙하기만을 바라고 또 바랐다.

그로부터 2년 전, 나는 석사학위를 받았다. 진로는 정해졌고, 나는 게이트에 도착했다.

그로부터 1년 전, 나는 박사과정 중 선임 연구원으로 활동을 시작했다. 비행기는 활주로에 진입했고 엔진이 작동되었다.

그로부터 반년 전, 나는 캘리포니아의 버클리대학에서 공부할 수 있는 풀브라이트 장학금을 받았다. 속도는 점점 더 빨라졌다. 내 삶의 그 어느 때보다 모든 것이 훨씬 더 빨리 진행된다는 느낌을 지울 수 없었다. 나는 가만히 앉아 있는 일, 천천히 움직이는 일에 너무나 익숙했기에 이 느낌은 점점 더 강렬해졌다.

그리고 엔진이 모든 것을 멈춰 버리겠다고 위협하는 듯 기침 소리를 쿨럭 내뱉었다.

2008년 가을, 나는 캘리포니아에 사는 낯선 사람들과 200~300여 통의 이메일을 주고받았다. 그중 몇몇에게는 지금도 감사한 마음이 있지만, 어떤 이들은 어렴풋한 짜증과 혐오감을 동반한 기억으로 남아 있다.

그 이메일들은 어렸을 때의 의료 문서와는 또 다른 종류의 것이었다. 그럼에도 현실에 기반을 둔 비관주의가 저간에 존재하는 공통점이 있었다. 우리가 갈등했던 것은 너무나 사소한 이유들 때문이었다. 지원 기구의 도움을 받고, 휠체어 사용이 가능한 기숙사를 배정받기 위해 투쟁하는 것으로 우리의 삶을 허비해야 할까?

그렇다. 우리는 그렇게 할 수밖에 없다. 나는 무언가를 원하지만, 투쟁을 하지 않으면 그것을 얻을 수 없다. 나는 이 사실을 이미 오래전부터 잘 알고 있다.

그로부터 10년이나 지났다. 다시 당시의 이메일들을 들추어 보니 지금의 나보다 훨씬 취약하고 내성적이었던 내 모습을 볼 수 있었다. 당시의 나는 너무나 많은 것을 원했고 모든 것을 걸었던 절망적인 청년이기도 했다. 내 앞의 문은 활짝 열려 있었고, 나 또한 그것을 잘 알고 있었지만 그 열린 문이 어디로 향하는지는 알지 못했다. 나는 열린 문 너머 무언가 있다는 것을 오감을 통해 느낄 수 있었다. 그것은 손만 뻗으면 닿을 수 있을 정도로 가까이 있었지만, 그것이 무엇인지는 전혀 알 수 없었다. 하지만 내 몸은 자석처럼 그것을 향해 끌려갔다. 내가 바로 그것을 향해 다가갔던 것이다.

나는 캘리포니아가 내게 어떤 의미를 지니고 있는지 알고 있기 때문에, 이 기록을 구성하는 데에 문학적 논리를 사용할 수 있다. 나는 과거에 이미 이렇게 될 것이라 스스로 인지했다고 믿는 것을 좋아한다. 이것은 재구성이다. 물론 삶은 얼마든지 달라질 수도 있었다. 나는 이 또한 잘 알고 있다.

보르헤스는 「끝없이 두 갈래로 갈라지는 길들이 있는 정원」에서 서로 다른 미래와 서로 다른 과거는 동일한 순간을 시작점으로 생성된다고 말했다. 아마도 이런 느낌이 아닐까. 미로는 나선형의 복도로 이루어져 있으며, 중심으로 가는 길은 많이 있다.

2008년 봄에서 여름에 이르는 시기, 나는 온몸을 감싸는 흥분과 긴장감 때문에 조금도 쉴 수가 없었고, 심지어는 밤에 잠을 잘 수 없을 때도 많았다. 마치 불가능한 일에 도전하기 직전의 순간 같았다. 휠체어와 나. 내가 살아가는 데 필수 불가결한 특별한 요구 사항들과 함께 과연 내가 오롯한 내 모습을 유지하며 캘리포니아에서 1년을 살 수 있을까.

문제는 숙소였다. 나는 이미 대학의 입학 허가를 받았고 장학금까지 받았다. 모든 공식적인 사항은 해결된 후였다. 심지어는 NAV(노르웨이 노동복지청) 국제부를 통해 국가 소유물인 휠체어의 국외 반출 및 사용 허가서까지 받아 놓았다. 하지만 정작 캘리포니아에 도착한 후에 살 곳을 찾을 수는 없었다.

믿을 수가 없었다. 나는 무려 출국 1년 전에 풀브라이트 장학생이자 객원 학생 연구원으로서 버클리대학의 국제 사무처와 연락을 시도했다. 그들은 휠체어에 관해 아는 것이 아무것도 없었고, 기숙사 담당 사무처는 해외

객원 학생 연구원과는 상관이 없다며 내게 대학 내 국제
사무처 연락처를 가르쳐 주었다. 나는 두 개의 서로 다
른 부류에 속한 존재였다. 그 하나는 이상한 동물, 또 다
른 하나는 낯선 하이브리드 생명체였다.

버클리대학은 장애인의 접근성이 매우 뛰어나다는 이
유 때문에 국제적으로 유명하다. 그곳에서는 1964년, 역
사상 처음으로 장애인의 인권을 위한 데모가 벌어졌다.
당시 학생이었던 에드 로버트는 대학 재학 중 학교에서
제안한 병원이 아니라 캠퍼스 기숙사에서 살 권리를 요
구하며 투쟁했다. 나는 그 사실에 관해 잘 알고 있었다.
내가 버클리대학에 지원했던 이유 중 하나가 바로 그 때
문이었으니까.

나는 기숙사를 배정받았지만 얼마 후 이를 거부당했다.
이와 관련해 주고받았던 통신문을 다시 살펴보았더니,
그들에게 보낸 편지 속의 내 어투가 얼마나 차갑고 사무
적인지 발견하고 깜짝 놀랐다. 내 기억 속에는 당시 내
가 겉으로 표현했던 말보다 내가 스스로 느꼈던 감정이
더 강렬하게 남아 있었기 때문이다.

기숙사 관리처에   (……) 보아하니 약간의 오해를 낳지 않았나 사료됩니다.
보낸 이메일   (……) 사안을 고려해 주시기를 앙망하며 (……) 심심한 감
2008년 3월 22일
사의 말씀을 드리며 (……)

그러고 보니 나는 항상 이처럼 딱딱한 어투를 사용해 왔
다는 것을 기억해 냈다. 이러한 어투는 공공기관이나 권
력을 지닌 이들에게 서신을 보낼 때 주로 사용한다. 편
지를 쓰는 사람은 전혀 드러나지 않는다. 현 상황에서보
다 더 취약해지고 싶지 않은 마음 때문일 것이다. 극도

로 예의 바른 말을 나열하고 조동사를 셀 수 없이 사용한다.

학교 측에서는 다음과 같은 답신을 보내왔다.

(……) 우리의 권한 밖의 일로서 (……) 깊은 유감을 표하며 (……) 몇 가지 질문 사항을 함께 첨부합니다. (……)

기숙사 관리처에서 받은 답신
2008년 3월 24일

봄이 되자 기온은 서서히 높아지기 시작했다. 그다지 낙관적으로 보이진 않았다. 그렇다고 포기할 수는 없었다. 지금이 아니면 영영 기회가 오지 않을 것이라는 생각 때문이었다. 풀브라이트 장학금은 바로 그해에 해당하는 것으로, 연기가 불가능했다. 이메일 속의 내 어투는 여전히 사무적이었다. 달라진 점이 있다면 이전보다 조금 더 절망적으로 변했다고나 할까. 대학 측의 태도는 처음과 다름없이 완고하기만 했다.

(……) 유감스럽지만, 당신은 객원 학생 연구원이기 때문에 (……)

대학에서 온 이메일
2008년 6월 5일

그때부터는 나의 어투에 약간의 실망감이 깃들기 시작했다.

(……) 다소 실망스럽습니다. (……) 이미 제 상황을 알려드렸음에도 (……) 만약 학교 측에서 처음부터 조건에 부합하지 않는다고 알려 주었다면 (……) 3개월이라는 시간을 허비했습니다. (……)

내가 보낸 이메일
2008년 6월 10일

그렇다. 나는 생각할 수 있는 모든 사람들에게 연락을 해 보았다. 풀브라이트 측에서는 나를 위해 학교 측에 의견을 전달하기도 했다. 나와 가장 친했던 친구 페터의 여동생 잉게르와 그의 제부 욘 에릭은 그 지역에 살고 있었기에 백방으로 도움을 줄 만한 사람들을 수소문했다. 나의 가족도 도움을 줄 만한 지인들을 꽤 많이 알고 있었다. 또한 그 지역에는 활동가들의 네트워크도 있었다. 그 단체를 주도하는 사람은 에드 로버트의 어머니였다. 그들은 내가 머무를 수 있는 방갈로의 연락처를 알아봐 주기도 했다.

시간이 흐르면서 대학 측은 점점 더 당혹스러워하는 것 같았다. 도대체 뭐가 그렇게도 어려운 것일까? 국제 학생 기숙사에 머무르는 것이 그토록 어려운 일이었던가? 장애인활동지원사와 기숙사 방을 함께 쓰면 되는 일이 아니었던가?

아! 나는 그제야 이해할 수 있었다. 그들은 내가 홀로 캘리포니아에 올 것이라는 사실을 전혀 모르고 있었다. 나는 그 말을 하지 않았다. 그들은 휠체어를 사용하는 장애인이 홀로 학교에 다닌다는 것을 생각지도 않았다는 것이다. 그것도 외국에서. 내가 요구했던 사소한 사항들, 즉 장애인을 위한 욕실, 휠체어를 사용할 수 있을 만큼의 공간 등은 장애인활동지원사가 있고 없고의 사항에 따라 완전히 달라질 수 있는 것이었다. 장애인활동지원사는 나를 하루 종일 따라다니며 내가 홀로 할 수 없는 일들을 도와주는 사람이다. 나의 팔과 다리가 되어 줄 수 있는 사람.

*

나는 요구 사항이 많은 사람으로 낙인이 찍혔다. 그들이 제공하는 것보다 훨씬 많은 것을 요구하는 사람으로. 문제를 지적하는 사람은 궁극적으로 문제 그 자체로 인식될 여지가 많다.

그들이 내게 차마 던지지 못했던 질문은 모든 질문 중에서 가장 명백한 것이었다. 도대체 무슨 이유로 이 모든 것이 가능할 것이라고 생각했나요?

결과부터 말하자면 내가 요구한 것은 받아들여졌다. 그해 말에 나는 입국 며칠 전, 심지어는 도착 후 며칠이 지난 후에야 숙소를 구할 수 있었던 유학생, 객원 연구원들과 인사를 나눌 수 있었다. 그들은 슈트 케이스 하나 또는 둘만 달랑 들고 비행기를 탔던 사람들이며, 어떻게든 숙소를 구할 수 있을 것이라 믿었던 사람들이다. 나는 그들에게 예의 바른 미소를 지으며 참으로 다행이라고 말해 주었다.

반면, 나는 1800년대의 이민자처럼 커다란 짐을 바리바리 싸 들고 비행기를 타야만 했다. 전동 휠체어와 수동 휠체어, 거대한 슈트 케이스 두 개, 그리고 오슬로의 지원 센터와 수없이 싸워 대여할 수 있었던 휠체어의 예비 바퀴와 튜브. 나는 아직도 그들이 주장했던 규제되지 않은 목적이 어떤 것인지 모른다. 나는 네 살 때부터 알고 지냈던 페터와 함께 갔다. 1년 후, 나는 그의 결혼식장에서 들러리가 되었고, 6년 후에는 그가 나의 들러리가 되어 주었다. 그는 자신의 프로젝트였던 도시환경 연구 작업을 위해 카메라를 가져와 캘리포니아의 보행로, 연석, 플랫폼 등을 사진에 담았다. 그는 나와 마찬가지로 센티미터, 밀리미터에까지 신경을 쓰는 사람이었으며 기술적으로 가능한 것과 불가능한 것들에 관심이 많은 엔지니어였다.

우리는 샌프란시스코국제공항에 도착해 '수퍼셔틀' 회사에 전화를 했다. 태평양은 조용하게 스며들듯 공항에

잦아들었다. 노란색 글자가 적힌 파란 중형 택시가 입국장에 도착했다. 운전기사는 문을 열고 탑승 보조 장치를 펼쳤다. 나는 사전에 택시를 예약해 놓았었다. 인터넷을 둘러보며 여러 업체를 비교한 후 '수퍼셔틀'이 가장 큰 택시를 보유하고 있다는 것을 알았기 때문이다. 나는 휠체어를 조종해 탑승 보조 장치에 올랐다. 택시를 타고 보니 휠체어가 들어갈 만한 공간이 없었다. 다시 택시 밖으로 나왔다. 운전기사는 좌석 하나를 접은 후 벽쪽으로 돌렸다. 얼추 휠체어가 들어갈 만한 공간이 생긴 것도 같았다. 다시 시도해 보았지만, 결과는 역시 마찬가지였다. 공황 상태에 빠졌다. 거기서 모든 것이 끝이날 것만 같았다. 다시 오슬로로 돌아가야 하는 건 아닐까. 문득 휠체어의 뒤에 달린 조그만 바구니를 떼어 낼수 있다는 생각이 스쳤다. 마침내 택시 문을 닫고 보니, 휠체어 뒤의 나사와 택시 문 사이의 간격은 약 2센티미터뿐이었다. 어쨌든 문제는 해결된 셈이었다. 이처럼 가능과 불가능의 차이는 약 20밀리미터 정도로 작은 것일수도 있다.

*

타임라인은 반복해서 자가 분열을 한다. 각각의 우연과 각각의 선택은 새로운 타임라인을 창조한다. 어떤 면에선, 일어났던 모든 일들은 외부인의 시각으로 볼 때 더욱 중립적으로 판단할 수 있다.

내 삶의 많은 부분은 선천적으로 타고난 병 때문에 이미 결정되어 있다고 봐도 무방할 것이다. 태어난 나라나 부모에 따라서도 삶이 결정될 수 있다. 나의 특권들은 다른 것들과 공존하기 때문에 현실적이라 할 수 있다. 그 것은 마치 중력장처럼 무겁고 강렬하게 나를 끌어당긴 다. 그 한쪽에 자리한 것은 나의 병이고, 다른 쪽에 자리한 것은 내가 가고자 하는 길이다. 이 두 개의 세상은 양립할 수 없는 기대의 지평선으로 나뉘어 있다.

우리는 흔히 유전자가 운명을 결정한다고 생각한다. 나는 그것이 진실이 아니기를 바란다. 나는 돌연변이 때문에 내 삶이 제약을 받는 것을 원치 않는다. 만약 그렇다면 너무나 터무니없고 우스꽝스러운 일이 아닌가. 유전물질의 변화는 센티미터나 밀리미터 단위로 측정할 수없을 정도로 작기 때문이다. 그럼에도 내 삶을 살아 내는 것은 나의 몸이며, 내 삶의 역사를 결정하는 것 또한 나의 몸이라는 사실은 거부할 수 없는 진실이 아닌가?

*

내가 기억하는 것은 또 하나 더 있다. 외국 여행을 할 때마다 나는 유일한 존재였다는 사실.

덴마크의 영화학교에서 찍은 사진, 암스테르담과 위트레흐트에서 한 무리의 에라스뮈스 학생들과 함께 찍은 사진, 캘리포니아 캠퍼스에서, 시카고의 풀브라이트 모임에서…… 이 사진에서는 모두 나를 발견할 수 있다. 그리고 거부할 수 없이 모든 사진 속 나는 특출나게 눈에 띄었다. 나는 대다수 사진에서 가장자리나 정중앙에 있었다. 여기에는 현실적인 이유가 있다. 내가 자리한 곳은 높다란 계단의 가장 아래쪽, 구성원의 중심이다. 나의 커다란 전동 휠체어는 다른 구성원들과 조화를 이루기가 쉽지 않기 때문이다.

내가 어렸을 때 이웃집에 살던 마리도 전동 휠체어를 사용했다. 학교 연극제를 담당했던 선생님은 마리가 가능한 한 관중의 눈에 띄지 않기를 바랐기 때문에, 휠체어에 탄 마리를 하얀 천으로 덮어 놓았다. 마리는 그렇게 외계의 이상한 생명체처럼 변했고, 여기에 더해 이유를 설명할 수 없는 불안과 소동의 근거가 되었다. 작은 소녀의 머리는 텅 빈 하얀 공간 위에서 둥둥 떠다니는 듯 보였기 때문이다.

나는 샌프란시스코에서 열린 캘리포니아 지역의 국제 학생 모임에서 수동 휠체어를 탄 한 청년을 보았다. 그는 언뜻 나보다 두 살 정도 더 많아 보였다. 나는 지금도 그때 그에게 말을 걸지 않았던 것을 후회하고 있다.

내가 자주 휠체어를 세워 두는 오슬로대학의 강의실 앞에는 종종 스쿠터 한 대가 세워져 있었다. 우리는 몇 년 동안이나 같은 건물에서 공부를 했고, 심지어는 몇몇 콘서트에서 마주친 적도 있었다. 그럼에도 우리는 서로를 의식적으로 회피했다. 인사를 나눈 적도 없었다. 시간이 흐른 후 우리는 공통의 지인들을 통해 인사를 나누게 되었다. 알고 보니 그는 나와 같은 고등학교를 졸업한 동창이었다. 출신 가정의 분위기도 크게 다르지 않았다. 그의 부모님 역시 문화에 관심이 많은 학자 출신이었다. 따지고 보면 놀랄 일도 아니었다. 우리는 밀레니엄 시대 초기에 같은 대학 인문학부에서 공부했으며 둘 다 휠체어를 사용했다. 내가 기억하는 한, 당시 학교에서 휠체어를 사용하는 장애인은 우리 둘밖에 없었다.

7

내 몸은 대가를 치러야 했다

나의 이야기는 생존에 관한 것이 아니다. 내가 이야기하는 것은 마크 오브라이언의 이야기와는 다른 것이다. 내가 어떻게 한 인간으로 성장할 수 있었는지에 관한 감동의 이야기도 아니다. 나의 이야기는 내 삶과 나 자신을 어떻게 이해할 수 있었는지 그 과정을 다룬다. 나는 내가 원하는 모든 것과 그것을 어떻게 손에 넣었는지 이야기한다. 그 과정에서 어떤 대가를 치러야 했으며, 그 대가를 치르기 위해 무엇을 했는지를.

*

나는 나 자신에 관해 다른 이의 언어로 기록해 보려 한다. 나 자신의 모습을 다른 이의 시선으로 기록해 보려한다. 켜켜이 나를 둘러싼 겹을 하나씩 제거할 때마다 그 속에 나를 설명할 수 있는 무언가가 함께 사라진 것은 아닐까 불안해진다. 보이지 않는 것, 나만을 위해 존재하는 것들을 묘사한다는 것은 어떤 의미를 지니고 있을까? 철학자 대니얼 데닛(Daniel Dennett)은 내면의 극장에 관해 글을 쓴 적이 있다. 그것은 사고와 자기이해에 관한 일종의 메타포였다. 만약 모든 것이 내면의 무대 위에서 펼쳐진다면, 그 연극의 관중은 누가 될 수 있을까?

나는 내 몸에서, 상처 입고 뒤틀린 내 발목에서 벗어나고 싶다. 하지만 이 몸을 벗어난다면 나는 존재할 수 없다. 흔적 없는 몸, 그것은 다른 삶을 살았던 몸일 것이다.

그런 몸은 존재하지 않는다. 그럼에도 그 몸은 나를 따라다니며 괴롭힌다. 그것은 또 다른 종류의 그림자를 내게 드리운다. 나는 겨울이 되면 눈을 감고 스키를 타는 상상을 한다. 매일 아침 조깅을 하는 상상도 해 본다. 출국 한 시간 전에 공항에 도착해 외국 여행을 하는 상상을 할 때도 있다. 슈트 케이스를 들고 대문 밖으로 뛰어나가 택시를 탄 후, 보안 검색대를 통과해 게이트를 향해 발을 옮긴다. 사전에 숙소를 예약하지 않았기에 공항에서 택시를 잡고 운전기사에게 내가 가 본 적이 없는 새롭고 낯선 장소로 가 달라고 부탁한다. 눈을 뜬다.

*

이다와 나는 함께 한 아이의 부모가 되었다. 알렉산데르가 한 살이 되던 해 여름, 우리는 플뢰이엔에 사는 나의 부모님을 찾았다. 어른이 네 명이나 있었기에 이제 막 걸음마를 시작한 아기 한 명을 돌보는 일은 그리 어렵지 않았다. 어머니는 집안 여기저기를 다니며 꽃과 식물을 둘러보았다. 정원에는 레드커런트, 구즈베리, 라즈베리가 자라고 있었다. 어머니와 아버지는 정원에 사과나무 두 그루도 심어 놓았다. 그 하나는 알렉산데르를 위한 것이었고, 다른 하나는 채 한 살도 안 된 알렉산데르의 사촌을 위한 것이었다.

아버지는 알렉산데르를 안고 여기저기 돌아보았다. 두 사람은 정원의 신비를 함께 감상했다.

"다 다!"
"그래, 저건 부엉이란다."
"다 다?"
"아냐. 살아 있는 건 아니란다. 정원의 열매를 따 먹으러 오는 새들에게 겁을 주기 위한 것이지. 자세히 볼까?"
"다 다!"

집안과 정원에는 여기저기 크고 작은 나의 흔적이 여전히 남아 있었다. 베란다에서 정원에 이르는 휠체어용 슬로프, 높낮이를 조절할 수 있는 바퀴 달린 의자, 대문 앞에 설치된 승강기는 30년이나 지났지만 여전히 작동이 가능했다. 아버지의 노력은 헛되지 않았다. 이다가 우리 집에서 처음으로 저녁을 함께 먹던 날, 이다는 아버지가 저녁 식사를 채 다 하기도 전에 자리를 뜨는 것을 보고 의아해했다. 알고 보니 아버지는 나를 위해 얼어붙은 승강기의 전원 버튼을 헤어드라이어로 말려 놓기 위해 서둘러 자리에서 일어난 것이다.

낡은 자동차를 몰듯 휠체어를 타고 여기저기 집안을 돌아보았다. 나는 휠체어에서 들려오는 모든 소리에 익숙해 있었다. 엔진에서 이상한 소리가 들리거나 조종 장치에서 조금만 낯선 소리가 들려도 등을 타고 흐르는 소름을 느꼈다. 기계의 초기 이상 징조를 바로 알아차리기까지는 꽤 긴 시간이 걸렸고, 혹여 휠체어가 고장이 날까 봐 안절부절못하는 바람에 자주 정신적 탈진 상태를 경험하기도 했다.

"바람 잘 날이 없군." 그것은 우리 가족이 자주 하던 말이다. "다시 일어서야지"라는 말도 마찬가지다. 이 두 가지 말은 서로 상쇄하는 역할을 했다. 우리의 노력은 끝이 없었지만, 단 한 번도 여기에 의심을 품거나 회의를 느끼지는 않았다. 우리는 노력의 결과로 나타나는 크고 작은 일들에서 희망을 보았을 뿐 아니라, 엔트로피에 저항하는 싸움 또한 그 자체로 가치가 있다는 것을 깨달았기 때문이다.

*

나는 캘리포니아의 야외 수영장에서 헤엄을 쳤다. 수영장은 허스트 건물의 옥상에 있었고, 내 머리 위로는 강렬한 볕이 내리쬐고 있었다. 2008년 8월의 어느 날. 그날 저녁은 여느 때와는 달리 꽤 선선했고 샌프란시스코 베이 위로는 안개가 자욱하게 끼어 있었다. 바로 그 선선한 바다 공기와 때 묻지 않은 안개 때문에 마크 트웨인의 조금 과장된 문장이 탄생했다. "내가 경험한 가장 추운 겨울은 샌프란시스코의 여름이었다."

가을 더위가 찾아왔을 때, 나는 그제야 지구 반대편에 있다는 것을 깨달았다. 나는 평소 혈액순환이 좋지 않은 편이다. 기억하건대 1년 중 5월부터 8월을 제외한 나머지 달은 모두 추위에 떨었던 것 같다. 하지만 지금은 티셔츠 차림으로 지낸다. 만약을 대비해 후드 재킷을 가방에 넣어 두긴 하지만 거의 입을 일이 없다. 매일 대학교와 밴크로프트의 모퉁이에 자리한 야외 카페에서 베이글을 사 먹고, 새들과 다람쥐들은 내가 흘린 빵 부스러기를 훔쳐 먹는다. 그곳의 다람쥐는 놀랄 만큼 몸집이 크고 얌전했으며 사람들을 무서워하는 것 같지도 않았다. 이 모든 것은 내가 받은 선물, 또는 대가라 할 수 있다. 새로운 장소와 뚱뚱한 다람쥐들.

허스트 건물에는 옥상에 이르는 엘리베이터와 수영장 가장자리까지 이동하는 작은 리프트도 있다. 안전요원은 내가 올라탄 리프트를 천천히 수영장에 내려주었다. 햇살을 머금은 물은 나의 두 다리를 삼켰다. 또 한 겹의 긴장 섞인 기대감과 실망감이 물에 씻겨 내려갔다. 나는 따스한 햇살 아래 시원한 물속에서 헤엄을 쳤다. 생각과 행동 사이의 괴리감은 어느새 사라지고 없었다.

나는 물속에 있을 때 과거의 기억을 떠올리고 앞날에 관한 백일몽을 꾼다. 그 느낌은 잠들기 직전의 몽롱함과 비슷하다. 내 몸과 생각은 서로 떨어져 자유롭게 움직인다.

*

이다가 믿을 수 없다는 듯 내게 묻는다. "어떻게 그 모든 것을 기억할 수 있어?" 우리는 함께 지낸 지 얼마 되지 않았다. 크고 중요한 일과 비교했을 때 언제 건조기를 작동시키고 꺼야 하는지, 언제 주방 레인지 후드의 필터를 청소해야 하는지 등의 사소한 집안일은 기억하기 쉬운 편이다. 샌프란시스코국제공항에서 어떻게 버클리로 가야 하는지, 스히폴국제공항에서 어떻게 암스테르담으로 가야 하는지를 기억하는 것도 어렵지 않은 일에 속한다.

각각의 여행은 수백 개의 작은 단계로 이루어져 있으며, 각각의 움직임은 셀 수 없이 많은 요소로 나눌 수 있다.

나는 이 모든 것을 하나하나 볼 수 있어야 한다. 내게 필요한 것들을 세세히 보다 보면 완벽한 기억력을 지닌 푸네스와 마찬가지로 뜬눈으로 밤을 지새기 일쑤다. 보르헤스는 「기억의 천재 푸네스」를 통해 모든 것을 기억하는 남자에 관해 이야기했지만, 그것은 따지고 보면 (너무나 당연하게도) 불면증에 관한 이야기다. 불면증은 세상을 놓아 버리지 못하는 상태다.

이다와 함께 소파에 앉아 대화를 나누던 중, 문득 목이 말라 물을 가져오려 자리에서 일어나야만 했다. 이다는 대신 물을 가져다주겠다고 말했지만 나는 소파에서 직접 몸을 일으켜 내 손으로 물을 가져오고 싶었다. 내 힘으로 충분히 할 수 있는 일이었다. 단지 조금의 사전 계획이 필요할 뿐.

이다는 내가 프로 스포츠 선수 같다고 말했다. 멋진 근육을 가졌기 때문이 아니라, 항상 연약한 근육이나마 적극적이고 의식적으로 사용하기 위해 끊임없이 노력하기 때문이라 했다. 나는 아이를 돌보고 산더미 같은 빨래를 돌리고, 음식을 만드는 등 일상적인 일을 하는 것만으로도 저녁이 되면 기진맥진한다. 이런 일들은 내게 스포츠나 마찬가지다. 나의 일상은 스포츠다. 소파에서 일어나 부엌으로 가는 것은 달리기 경주이자 데드리프트 또는 마라톤과 다름없다.

나는 신체의 움직임이 어떠한 요소로 구성되어 있는지 잘 알고 있다. 몸을 움직이기 위해서는 근육의 수축 또는 이완, 적절하게 무게를 분산하는 방식은 물론, 어떤 부위를 힘주어 뻗고 어떤 부위의 균형을 유지해야 하는

지 알아야 한다. 뿐만 아니라 동작의 첫 단계부터 마무리 단계, 즉 처음 몸을 움직이기 시작할 때부터 일련의 움직임이 끝을 맺을 때까지의 과정을 시각화할 수 있어야 한다.

우리는 함께 소파에 앉아 있었다. 나는 몸을 일으키기 시작했다. 이다는 아무 말도 하지 않았다. 왜냐하면 이다는 자리에서 일어나는 사소한 동작까지도 내게는 엄청난 집중력을 요구한다는 것을 잘 알고 있었기 때문이다.

나는 소파의 왼쪽 팔걸이로 상체를 가져간 후 등받이에서 조금 몸을 뗐다. 소파는 나의 이러한 움직임에도 뒤로 밀리지 않도록 벽에 붙여 배치해 놓았다.

왼쪽 팔꿈치 아랫부분을 소파의 팔걸이에 얹고, 팔걸이의 끝부분을 손으로 움켜쥐었다. 곧이어 팔꿈치를 정확히 소파의 팔걸이 중간에 얹었다. 이 동작은 다음 동작을 위해 매우 중요한 의미를 지닌다. 와이셔츠의 소매는 이미 걷어 올린 후였다. 가능한 한 마찰을 크게 얻어 내기 위해서였다. 피부와 소파의 팔걸이 사이에서 발생하는 마찰력 또한 매우 중요하다.

소파의 팔걸이에 자리 잡은 왼쪽 팔꿈치를 회전축의 중심이라 생각하고 조금 더 왼쪽으로 가까이 다가가며 서서히 몸의 중심을 바꾸기 시작했다. 팔꿈치를 중심으로 팔의 윗부분은 소파의 팔걸이와 90도 각도를 유지했다. 나는 왼쪽 손으로 팔걸이를 힘주어 잡은 후 오른손도 같은 자리에 고정했다.

다음 순간, 위기가 될 수도 있는 결정적인 움직임이 뒤따라야 한다. 오른발을 소파의 팔걸이와 일직선이 되는 선상에 놓고 신체의 무게중심을 오른쪽 다리와 허벅지, 오른쪽 고관절로 서서히 이동시켰다. 여기서 잠시 움직임을 멈추고 앞선 일련의 동작들에 무리가 없었는지 확인해야만 했다. 만약 오른발이 바닥에 견고하게 고정되어 있고, 왼쪽 팔꿈치가 소파의 팔걸이에 여전히 제자리를 유지하고 있다면 나는 다음 움직임을 시작할 수 있다. 만약 오른발이나 왼쪽 팔꿈치가 미끄러지거나 조금이라도 제자리를 벗어난다면 다시 처음부터 이 모든 동작을 해야 한다.

서서히 몸의 중심을 오른쪽으로 옮기기 시작했다. 약간의 긴장이 찾아들었다. 이제 몸을 일으키기 위해 몸의 위쪽과 아래쪽에 거의 동일한 양의 힘을 쏟아부었다. 바로 그 때문에 소파는 벽에 붙여 놓아야 했다. 그렇지 않으면, 이 동작을 행할 때 소파가 뒤로 밀리기 마련이다. 이제 왼쪽 무릎이 제 역할을 할 때가 되었다. 왼쪽 무릎을 소파 쪽으로 바짝 당겼다. 이때 작용하는 힘은 각각 세 개의 지점에 균형 있게 분산되어야 하고, 이로 인해 나의 몸에는 일종의 평형 상태가 만들어진다. 곧, 의자에서 일어나기 위해 왼팔과 왼쪽 다리에 힘을 주었다. 이때 복근과 어깨가 협력해야 하는 것은 말할 것도 없다.

다음 동작부터는 몸의 핵심 근육이 주축을 이루어야 한다. 나는 소파에서 일어나 서 있는 상태가 되었다. 왼팔과 왼쪽 다리는 이제 몸을 받치는 지지대 역할을 하는 동시에, 소파와 접촉한 채 견고하게 제자리를 지키고 있다.

몸의 균형을 잡을 수 있는지 확인하며 다시 정상적으로 호흡을 하기 시작한다. 나는 소파에서 일어나기 위해 이러한 일련의 동작들을 거쳐야 한다. 이다는 내가 주방으로 가는 데 방해가 되지 않기 위해 두 다리를 소파 위로 올려 길을 만들어 주었다. 이것은 나의 일상이다.

"어떻게 그 모든 것을 기억할 수 있어?" 이다가 물었다. 그로부터 몇 년 후, 우리는 알렉산데르를 위해 함께 계획을 세웠다. 아이가 먹을 음식, 아이가 입을 옷. 우리는 아이가 태어나면 할 일이 더 많아진다는 것을 잘 알고 있었다.

*

세상 속에서 나와 같은 존재로 살다 보면 계획을 세우는 일이 어느새 일종의 반사작용 또는 자동화된 습관으로 자리를 잡게 된다. 하다못해 물 한 컵을 마시는 일일지라도 목표를 세우고, 그 목표를 향해 나아가는 길에 관해 세세히 살펴보거나 미리 계획을 세워야 한다. 어디로 갈 것인지, 문 앞에 계단이 있는지, 화장실은 어디에 있는지 미리 확인해 보아야 하는 것이다.

이러한 반사작용은 반복을 통해 나의 성격으로 자리를 잡게 됐고, 나는 매사에 주저하거나 망설이는 사람으로 변해 버렸다. 내가 아는 휠체어 사용자 대다수는 매우 정갈하고 잘 정돈된 집에서 산다. 만약 무언가에 걸려 휠체어가 움직이지 않을 경우에는 자기 집 안에 갇혀 꼼짝달싹할 수 없는 사태가 발생할 수도 있다. 그들은 실용적인 목적으로 집 안을 잘 정돈할 수밖에 없는 것이다. 나는 집안에서 조금씩 걸어다닐 수는 있지만 쉽게 넘어지는 편이다. 그 때문에 깨끗한 바닥은 내게 절대적으로 필요하다. 이것은 유전적인 것은 아니지만 그와 마찬가지로 충분히 신체와 관련된 또 다른 형태의 결정론적 삶이라 할 수 있다.

택시 등의 운송수단을 이용할 때도 항상 충분한 시간을 두고 사전 예약을 해야 한다. 그렇지 않으면 거부를 당하기 일쑤다. 성격은 내부적 필요성과 외부적 요구 사이에서 형성된다. 이때 어떤 요소가 더 중요하다고 단정 짓기는 쉽지 않다. 나의 지인 중에는 나만큼이나 쉽게 넘어지는 사람이 한 명 있다. 하지만 그의 집은 잘 정돈되어 있지 않다. 바닥은 갖가지 장난감과 이런저런 물건들로 가득하다. 그렇다면 그와 나를 구분하는 것은 외부적 요구인가, 아니면 내면적 필요성인가? 나의 삶은 그의 삶보다 더 많은 강제적 상황을 내포하고 있는가, 아니면 내가 특출나게 예민한 편인가?

프란츠 카프카의 시 「작은 우화」에 등장하는 생쥐는 이렇게 말했다. "세상은 나날이 점점 작아져. 처음엔 끝을 볼 수 없을 정도로 넓어서 두렵기까지 했지. 하지만 계속 달리다 보니 저 멀리 사방의 벽을 볼 수 있어서 기뻤어. 그런데 하루하루가 지나면서 그 벽이 점점 조여들어 오더군. 지금 이 세상은 좁디좁은 공간에 불과하고, 그 정중앙에는 덫이 있어." 그 말을 들은 고양이는 이렇게 대답했다. "그렇다면 달리는 방향을 바꾸어 보는 건 어때?" 고양이는 말을 끝내자마자 생쥐를 잡아먹어 버렸다.

*

나는 꽤 부지런한 사람이다. 만약 내가 그런 사람이 아니었더라면 지금쯤 이 자리에 있지 못했을 것이다. 내겐 시간이 별로 없다. 만약 내게 시간이 충분히 있었더라면 이것도 저것도 못했을 것이다. 나는 내가 다른 사람들과 비교해 절대 뒤처지지 않는다는 것을 항상 증명해 보이고 싶었다. 하지만 그것을 명백하게 증명할 만한 것을 찾을 수 없다. 적어도 현재 살아 있는 사람을 위해선 말이다. 삶에는 궁극적 목적이 없다. 그럼에도 인간은 그것이 있다고 생각한다. 다른 시대의 한 신학자는 다음과 같이 목적론적 요소를 요약했다.

인간은 본질적으로 참을성이 없는 존재다. 우리는 지체 없이 종점에 도달할 것이다.

피에르 테야르 드샤르댕 (Pierre Teilhard de Chardin)

물론, 달라질 수도 있는 문제다. 나는 기억력이 좋다. 열 살에서 열두 살 때쯤, 나는 스무 살이 되면 더는 두 발로 걸을 수 없을 것이라고 예상했다. 그날이 오기까지는 너무나 오래 걸릴 것 같았다. 소위 어른이 된 내 모습은 상상조차 할 수 없을 정도였다. 그럼에도 당시 나의 예상은 너무나 현실적으로 여겨졌다.

나는 밤에 깊이 잠들지 못했다. 미래에 대한 불안감과 내 몸을 갉아먹는 물리적 통증 때문이었다. 밤이 되면 다리에 고정대를 둘둘 감고 잤다. 그 때문에 침대 위에서 편안한 자세를 취하기는 쉽지 않았다.

당시의 진단 결과에 따르면 등과 다리는 물론 온몸의 근육과 골격 체계에 문제가 있다는 걱정을 하지 않을 수 없었다. 그때는 내가 유년기를 보낸 1980년대 말이었다. 해결 방법은 지금과는 달리 가죽과 금속을 이용해 점점 뒤틀려 가는 몸을 제자리에 고정하는 것이었다. 발바닥 밑에는 단단한 밑창을 고정시키고 정강이는 버팀목을 대고 가죽끈으로 둘둘 말았다. 그다음에 사용한 것은 거푸집으로 형태를 만든 유리섬유였는데, 그것을 착용하고 있으면 그다지 무겁지는 않지만 땀이 빨리 차고 가렵기까지 했다. 두 방식 모두 근육이 잘못된 방향으로 수축하는 것을 방지하기 위한 것이었다. 저녁이 되면 잠을 자기 위해서가 아니라 치료를 하기 위해서 잠자리에 들었다.

조금 더 지속 가능한 해결 방식은 정형외과적인 치료법으로 다리의 힘줄을 잘라 내는 것이었다. 그것은 발목을 90도 각도로 꺾어 고정하는 방법이었다. H 박사는 이 수술법의 가치를 크게 신뢰했다. 정형의학, 어린이를 바로잡는 기술. 더 나은 버전의 신체를 가질 수 있는 가능성도 없지 않다. 그것은 성형을 통해 얻을 수 있는 몸이었다.

1992년, 나는 열한 살이 되었다. 그때 이미 수년 동안 버팀목과 가죽끈으로 다리를 고정한 채 잠자리에 드는 일을 계속해 왔었다. 물론 매일 저녁 그 상태로 잠을 잔 것은 아니다. 그 일은 나뿐만 아니라 부모님을 매일 시험대에 올려놓았다. 나는 통증 때문에 잠을 푹 자지 못했고 심지어는 아예 밤잠을 포기해야 하는 날도 있었다. 우리는 어떤 상대와 어떤 전제를 두고 논의해야 하는지도 모르는 상태에서 협상하고 판단을 해야만 했다. 우리는 내 앞날의 최선을 보장하기 위해 합리적이고 올바른 일을 하길 원했다. 하지만 나의 앞날은 너무나 불투명했다. 나는 그로부터 25년이 지나서야 마침내 해답을 얻을

수 있었다. 일주일에 몇 번만 버팀대와 가죽끈을 둘둘
말고 잤지만, 나는 지금도 두 발로 걸을 수 있고 내 몸은
여전히 나의 것이다.

*

이제 나의 미래는 그다지 막연하지 않다. 이 글을 쓰기
시작했을 때 한 살도 채 되지 않았던 알렉산데르는 글을
수정할 무렵에는 어느덧 두 살 생일을 앞두고 있었다.
아이는 내일이면 학교에 입학하고, 모레면 집을 나가 독
립된 생활을 할 것이다. 갓난아이와 한집에서 산다는 것
은 하루 단위로 삶을 사는 것과 마찬가지다. 반면, 이 하
루들은 쏜살같이 흘러간다. 갓난아이는 우리의 눈앞에
서 사라져 버리고 어느새 작은 소년이 되어 버린다. 아
이의 다리 근육은 나날이 더 튼튼해져 어제보다 오늘 더
안정된 모습으로 몸을 일으킨다. 만약 아이의 다리 근육
이 성장하지 않는다면 몸을 지탱하기 어려울 것이다. 그
럴 경우 무슨 일이 생길까? 우리는 어떤 의사를 찾아가
자문을 구해야 하고, 어떤 조언에 귀를 기울여야 할까?

환자는 이전보다 어깨를 조금 더 올린 상태로 앉아 있거나 진단서
1992년 1월 15일
걸으며, 움직임에 있어 신체 근육의 상쇄적 움직임은 이전
과 다름이 없음. 특별한 하자는 보이지 않으며, 척추측만증
증상도 찾아볼 수 없음.

(……)

다리의 후면 버팀대 때문에 수면에 어려움이 있으므로,
H 박사의 권고가 있음에도 불구하고 며칠간 버팀대 착용
을 피하면서 상태를 주시해 볼 필요가 있음.

(……)

결론: 지난 2~3년의 전개 과정은 전반적으로 안정되어 보임.

*

여섯 살이었던 나는 부모님이 '가죽끈'이라 말하는 것을 듣고, 가죽끈에 얽매여 옴짝달싹도 못하는 내 모습을 상상해 보기도 했다. 나는 이 기억을 떠올릴 때마다 매년 여름 찾았던 삼촌 소유의 별장을 함께 생각한다. 물론 뇌테뢰위섬의 별장과 이 기억이 서로 관련이 있다는 것은 장담할 수 없지만, 내 기억 속에서는 항상 그랬다. 우리는 매일 물리치료사가 시키는 대로 스트레칭을 했다. 어머니 또는 아버지는 바닥에 빨간 요가 매트를 펼쳐 놓았고, 우리는 이 동작을 함께했다. 부모님은 나의 사지를 쭉쭉 당겨 주었고, 나는 이 동작이 최대한의 효과를 가져올 수 있도록 그들이 시키는 대로 근육을 긴장시키거나 이완시켰다. 일어선 자세에서 벽에 기댄 다음 나의 체중을 이용해 발목과 다리를 뻗거나 굽혔다. 매트 위에 누워 있을 때는 내 팔을 쭉쭉 잡아당기는 부모님에게 짜증을 내지 않으려 무진 애를 썼다. 이처럼 우리는 함께 내 몸의 근육 수축을 방지하기 위해 노력했다. 낮에는 스트레칭을 하고 밤에는 가죽끈을 칭칭 감은 채 잠을 잤다. 그로부터 7년 후, 내가 열세 살이 되었을 때 가죽끈을 감은 채 잠자리에 드는 일을 그만둘 수 있었다.

스트레칭이 그러했듯, 가죽끈으로 근육을 고정하는 요법도 유행처럼 오고갔다. 나는 이들 요법이 근거중심의학의 관점에서 효과가 있는지의 여부를 살펴보는 의학 문서를 읽으며 달콤하고도 쓰라린 기분에 젖어들었다.

결론부터 말하자면, 수년 동안 매일 지속적으로 그처럼 불편하며 검증되지 않은 트레이닝을 하는 것은 근거중심의학적 관점에서 확실하게 보증할 수 없다는 것이었다. 10년이 넘는 세월 동안 자기 자식에게 그러한 무작위적이고 통제적인 실험을 할 수 있는 부모는 이 세상에 그리 많지 않다.

어쩌면—나도 가끔 이러한 생각을 할 때가 있다—그 모든 일은 무의미한 것인지도 모른다. 어쩌면 내게 아무런 도움이 되지 않았을 수도 있다는 말이다.

지금도 가끔 불면에 시달릴 때가 있다. 다음 날 해야 할 일 때문에 밤잠을 이룰 수 없을 때가 많다. 나는 모든 일을 세세하게 계획하고 그것도 모자라 이미 세워 놓은 계획을 다시 살펴보거나 수정하는 일을 반복한다. 휠체어에 앉기까지의 과정, 차고까지 휠체어를 타고 가서 자동차에 몸을 싣기까지의 과정에서 시간은 얼마나 걸리는지, 혹여 예상치 못한 일에 직면할 가능성은 없는지 꼼꼼하게 생각해 본다. 지난밤에 도둑이 들어 차를 훔쳐가지나 않았는지, 혹은 자동차의 배터리가 방전되지는 않았는지. 공항에 가기 위해 예약해 둔 택시가 오지 않을 경우, 비행기에 휠체어 반입을 거부당할 경우, 목적지에 도착했을 때 비행기 화물이 분실되어 내 휠체어의 행방을 알 수 없을 경우도 생각해 보아야 한다.

완벽한 기억력을 가진 푸네스처럼, 나도 셀 수 없이 많은 시나리오를 머릿속에 떠올린다. 그중 동일한 시나리오는 하나도 없다. 이처럼 많은 가능성을 떠올려 보지만, 단 한 번도 고려하지 않은 일도 있다. 그것은 바로 비행기가 추락하는 시나리오다. 이상하게도 나의 뇌는 그 일만큼은 건드리지 않는다. 내게는 너무나 감사한 일일 뿐이다. 물론 내일 해야 할 일이 있다는 점도 내겐 너무나 감사한 일이다. 다시 힘을 내야 한다.

*

사춘기에 막 접어들었을 무렵, 비현실적 영웅들의 이야기에 마음을 빼앗겼다. 그들은 몸을 움직이는 데 아무런 제약을 받지 않았다. 슈퍼맨은 하늘을 날 수 있었고, 스파이더맨은 건물과 건물 사이를 자유자재로 뛰어다닐 수 있었다. 그들의 자유로운 움직임은 영웅을 주제로 한 이야기에서 반복적으로 나타나는 요소다. 그들의 옷은 서커스단이나 곡예사 또는 라인댄스 무용수들에게서 빌린 것 같다. 전쟁 직후 활발하게 활동했던 잭 커비, 스티브 딧코 같은 유명 만화가들은 강렬한 원색과 하늘을 날 수 있는 능력에 큰 관심을 가졌던 것으로 보인다.

내게 더 큰 흥미를 불러일으킨 것은 영웅들의 비밀스러운 정체성이었다. 그들이 자신의 몸인 척했던 것은 정작 그들의 몸이 아니었던 것이다. 그들은 평범한 물건들— 클라크 켄트의 안경, 피터 파커의 어린애 같은 옷차림 등—을 내려놓는 순간, 자유로워질 수 있었다.

*

발목 수술은 하지 않았다. 몇 년 전 발목 수술을 받기 위해 찾았던 의사는 내게 좀 더 기다리라고 말했다. 수술을 해도 문제가 해결된다는 보장도 없거니와, 또 다른 문제가 발생할 가능성마저 있다는 것이 이유였다. 그는 내게 내 방식대로 살면 된다고 말했다.

나는 비틀거린다. 걸을 때 발의 가장자리를 사용하기 때문이다. 걸음걸이는 뻣뻣하며 균형을 잡는 데 어려움을 겪는다. 이다와 나는 하루에도 몇 번씩 거실 바닥에 흩어져 있는 장난감을 치우고 정리한다. 어둑어둑한 방에선 발을 움직일 수 있는 공간이 확보되어 있다는 것을 확인하거나 휴대전화 불빛을 켠 후에야 몸을 움직인다.

하지만, 나는 걷는다. 이것은 내 몸이고, 나는 내 몸을 잘 알고 있다.

내겐 비밀스러운 정체성이 없다. 나의 옷, 내가 가지고 있는 물건들은 항상 나를 따라다닌다. 나는 특별히 제작된 신발을 신고 다닌다. 그것은 발을 꽉 조이면서 단단하게 지지해 주는 일종의 정형용 보조기다. 촉각적인 면에선 어렸을 때 사용한 가죽끈과 비슷하다. 발바닥과 함께 단단하게 고정된 발가락의 느낌은 거의 다르지 않다. 이 신발을 신으면 이상한 폐쇄공포증을 느끼게 된다. 갑자기 내 혀를 떠올렸을 때 항상 작은 입속에 있어야 하는 혀의 답답함을 느끼게 되는 것과 마찬가지다. 나는 내 신발 속에 고정된 존재다. 이 신발을 사시사철 집 안팎을 가리지 않고 사용한다.

하지만, 나는 걷는다. 한 걸음씩 앞으로 내디딜 때마다 고요한 기쁨이 나를 감싼다. 신발의 밑창은 부드러우면서도 지지대의 역할을 해낸다. 나는 그것에 몸을 싣고 세상 곳곳을 방문한다.

나의 병은 한계를 만들었지만, 나는 매년 이 한계의 벽이 조금씩 확장되는 조용한 기적을 경험하고 있다.

나는 스무 살이 되었고, 여전히 걸을 수 있었다. 한계는 스물다섯 살로 확장되었다.

나는 스물다섯 살이 되었고, 여전히 걸을 수 있었다. 한계는 서른 살로 확장되었다.

나는 서른 살을 넘겼다. 짐을 내려놓은 듯 마음이 가벼워졌다. 이제 한계 너머의 지평선이 눈에 보이는 것도 같다는 생각을 해 본다.

내겐 본보기로 삼을 만한 예가 없다. 비교가 불가능한 단 하나의 몸, 바로 나만의 몸이 있을 뿐이다.

부모님에게도 본보기로 삼을 만한 해답이 없었다. 부모님은 오직 최선을 다해 선택하고 결정을 내렸을 뿐이다. 부모님은 자식이 둘이다. 그중 한 명은 거의 누구에게서도 찾아볼 수 없는 매우 희귀한 근육 질환을 타고났다. 부모님은 수많은 의사에게 자문을 구했고, 서로 대화를 나누었으며, 아이와도 함께 이야기를 주고받았다.

십 대를 보내는 기간 동안 내 발에는 안쪽으로, 또 아래쪽으로 뒤틀리는 근육 수축 현상이 계속되었다. 십 대를 벗어나니 그 증상은 거의 사라졌다. 나는 거의 15년 동안이나 특별 제작된 신발을 사용했다. 학생 신분으로 암스테르담에 머무를 때 처음 제작했던 그 신발과 같은 재료, 같은 본으로 만든 신발을 지금도 사용한다. 근육 수축 현상이 더 심해지면 본을 새로 맞춰야 할지도 모른다. 지금 두 다리에 버팀목을 대고 가죽끈을 칭칭 감고 자는 것은 도움이 되지 않을 것이다. 설사 도움이 된다 하더라도 그것을 다시 할 마음은 없다.

로봇 공학에서 가장 해결하기 어려운 문제점 중 하나가 인간의 걸음걸이를 흉내 내는 것이라 했다. 기계를 움직이는 것은 그다지 어렵지 않다. 엔진은 기계가 앞뒤로 움직일 수 있는 원동력을 제공하고, 운동에너지는 바퀴로 이전시키면 된다. 반면 보행 작용은 꽤 복잡하다. 기계의 보행 작용은 자못 비효율적이다. 특히 기계를 두 발에 의지해 움직일 때는 더욱 그렇다. 기계가 균형을 잡고 걷기 위해서는 필요 이상으로 많은 에너지가 필요하다. 충분한 에너지가 제공된다 하더라도 기계의 걷는 움직임은 불안정하고 이상하기까지 하다.

당신은 걷고 있어요. 항상 넘어지지만, 그것을 매번 깨닫진 못하죠. 한 걸음을 내디딜 때마다 당신은 앞으로 살짝 넘어지지만 얼른 몸을 추슬러 다른 발을 앞으로 내밀죠. 걷는다는 것은 넘어지는 것을 반복하는 일이랍니다.

로리 앤더슨
(Laurie Anderson)

하지만 몸을 추스르지 못하는 사람도 있다. 과거의 나도 그런 사람 중 하나였다. 나는 어렸을 때 너무나 자주 넘어졌다. 한때는 스티로폼으로 만든 파란색 헬멧을 쓰고 다니기도 했지만, 오래 지속하지는 않았다. 넘어졌을 때 머리를 부딪치는 것보다 훨씬 나쁜 일도 경험할 수 있다는 것을 깨달았기 때문이다. 어린아이가 항상 머리에 헬멧을 쓰고 다니는 것도 그중 하나다.

문제는 매번 걸을 때마다 넘어져서 상처 입는 아이를 위해 무엇을 할 수 있는가였다. 그것은 자연스럽게 받아들일 수 있는 상태인가, 아니면 평생 감내하며 살아야 하는 위험 요소인가? 또한 이 위험 요소를 받아들이는 것이 가능한가, 그렇지 않은가 판단하는 것도 매우 중요하다.

H. 박사의 기록
1995년 5월 8일 발의 변위는 최근 몇 년 동안 더 심해졌다. 치료가 필요하다. (......)

먼저 정형수술 가능성을 고려해 보아야 한다. 나는 두 발의 동시 수술을 제안하고 싶다. 수술을 할 경우, 수술 후 약 3개월간 무릎 아래 부위에 깁스를 해야 한다.

(......)

얀과 얀의 부모는 수술에 매우 회의적이다. 수술 후 보행 기능의 상실로 인한 근력 약화 및 부동성에 대한 근심 때문인 것으로 보인다. 물론 그러한 위험 요소를 전면적으로 배제할 수는 없지만, 수술을 하지 않을 경우 발의 변위는 더 심해질 수 있으며 이로 인해 보행 기능을 상실할 가능성은 오히려 더 크다는 것을 강조하고 싶다.

삶은 위험을 동반한 프로젝트다. 2006년 11월, 나는 발목 골절상을 입었다. 어둑어둑한 가을 저녁, 자갈로 뒤덮인 모노 카페의 뒷마당이었다. 내 휠체어는 도로변에 주차되어 있었고, 나는 암스테르담에서 제작한 신발을 신고 있었다. 신발은 발목까지 튼튼히 받쳐 주고 있었지만 바닥은 상당히 미끄러웠다. 마치 짧고 뭉툭한 죽마 위를 걷는 것 같았다.

몸의 균형을 잃는 순간, 이미 손을 쓸 겨를도 없이 내게 일어난 일을 받아들여야만 했다. 쓰러지면서 전신의 무게가 발에 쏠리는 바람에 발 바깥쪽에 하나의 미세한 골절과 안쪽에 두 개의 골절이 생겼다. 내측 복사뼈에 골절이 생긴 것이다. 지금도 그때의 일을 떠올리면 머릿속에서 자갈길에 부딪치는 망치 소리가 들리는 것 같다.

나는 넘어지는 순간 무슨 일이 생겼는지 이해하지 못했다. 함께 있던 트론은 내게 괜찮으냐고 걱정스레 물었다. 나와 함께 콘서트에 갈 예정이었던 트론은 나를 부축해서 일으켜 준 후 휠체어에 태워 주었다. 발에 통증이 느껴졌다. 나는 발이 살짝 삐었다고 생각했다. 짜증이 났다. 집에는 어떻게 갈까. 특수 신발을 신지 않고 어떻게 걸을 수 있을까. 통증은 점점 더 심해졌다. "정말 괜찮은 거야?" 트론이 다시 물었다. 나는 바로 집으로 왔다. 그때 트론의 질문에 무엇이라 대답했는지는 기억이 나지 않는다.

욕실에 들어가 신발을 벗고 매우 조심스레 실내화로 갈아 신은 다음 거실로 나갔다. 문틀을 부여잡은 채 오른발엔 가능한 한 몸무게를 싣지 않으려 조심하며 한 걸음씩 움직였다. 평생 앙감질을 해 본 적이 없었지만 그날은 앙감질로 침대까지 갔다.

그때까지만 하더라도 다음 날이면 괜찮아질 것이라 생각했다. 아니, 다음 날이면 꼭 나아야 한다고 생각했다. 그날로부터 다시 세상에 내 의지를 강요하기까지 10년이 걸렸는데, 그날은 바로 내 아들이 세상에 태어난 날이다.

나는 침대에 누웠다. 몇 시간 후, 화장실에 가기 위해 다시 일어나야만 했다. 부러진 발목으로 어떻게 화장실까지 걸어갔으며, 어떻게 넘어졌으며, 어떻게 다시 침대로 되돌아왔는지는 전혀 기억이 나지 않는다.

다음 날 아침이면 나아질 것이라 확신했지만 그런 일은 일어나지 않았다.

당시 나는 홀로 살고 있었다. 다음 날 아침 홀로 눈을 뜨고 내가 선택할 수 있는 가능성에 대해 곰곰이 생각해 보았다. 내가 할 수 있는 일은 그리 많지 않았다. 부모님께 전화를 걸었다.

"지금 당장 갈게." 부모님은 말을 채 맺기도 전에 대문을 나서는 모양이었다. 그때는 미처 깨닫지 못했지만, 돌이켜 생각하니 부모님은 내가 독립해서 살 때부터 항상 그런 전화를 받을 상황에 대비하고 있었던 것이 분명했다.

부모님은 내가 암스테르담에 살 때 경찰의 전화를 받은 적도 있다. "네덜란드에 주재하는 동료 경찰의 연락을 받고 전화드립니다. 혹시 이 차가 댁의 아드님 차입니까?" 이유는 불법 주차였다. 내가 주차 증명서를 눈에 잘 띄는 곳에 두지 않았기 때문에 이웃집에서 신고를 한 모양이었다. 하지만 오슬로 경찰서에서 전화를 받은 부모님은 순간적으로 암스테르담 운하에 빠진 차와 함께 물속에서 허우적거리는 나를 떠올린 것이다. 취약성이란 일이 얼마나 쉽게 잘못될 수 있는지 확신하는 것이다.

부모님이 왔다. 나는 부모님의 도움을 받아 샤워를 할 수 있었다. 분위기는 미묘했다. 우리는 입 밖에 내어 말하지 않았지만, 모두 내 발목이 부러졌다고 믿었고 그것이 무엇을 의미하는지 잘 알고 있었다. 나는 목발을 사용할 수 없는 몸이다. 성한 다리로도 몸의 균형을 잡지 못하기 때문이다. 우리는 아무 말도 하지 않은 채 응급실로 갔다.

그로부터 두 달 동안은 지난 20년보다 더 무기력한 상태에서 지내야만 했다. 우리는 보조 보행기를 대여했다. 나는 다시 부모님 집에 들어가서 살았다. 평소 내가 사용하는 것보다 조금 더 작은 전동 휠체어를 타고 유년 시절의 기억이 묻어 있는 집 안 여기저기를 돌아보았다. 그 기간 동안 집 밖에 나간 적은 한두 번뿐이었다.

6개월 후 깁스를 풀었다. 골절 부위는 예상대로 잘 아물었다. 부모님은 나를 위해 보행 보조기를 대여해 주었다. 나는 바퀴가 달린 보행기에 어깨의 무게를 실은 채 한 걸음씩 신중하게 발을 떼어야 했다. 얼마 후, 외스트폴 지역에 있는 카토 센터에서 재활치료를 받았다. 가끔 온수 수영장에서 조심스레 수영을 하기도 했다. 다시 집으로 돌아왔지만 여전히 보행 보조기에 의지해야 했기에 샤워를 하고 옷을 갈아입는 일상적인 행위에도 이전보다 훨씬 많은 시간을 소비했다. 봄이 왔다. 시간이 흐를수록 뗄 수 있는 발걸음의 수도 조금씩 더 많아졌다. 달이 바뀌고 거의 1년이 되어 갈 무렵에야 다시 이전의 모습으로 되돌아올 수 있었다.

깁스를 했을 때, 나는 침대에서 내려가 휠체어로 옮겨 앉지도 못했으며, 도움 없이는 샤워도 할 수 없었다. 깁스를 풀 때까지 샤워를 도와준 사람은 아버지였다. 심지어 깁스를 풀고 난 후에도 두 다리에 조금이나마 힘이 붙을 때까지 갖가지 도움을 받아야만 했다. 어렸을 때 살았던 집에서 스물다섯 살의 나이에 부모님과 함께 두 달이라는 시간을 보냈다. 그 시간은 하마터면 내 삶이 되었을지도 모르는 또 다른 삶의 단면을 엿본 시간이기도 하다.

상황은 얼마든지 달라질 수도 있었다. 만약 내가 스물다섯 살이 될 때까지 휠체어에 앉아서만 살았더라면 그 같은 현실에 좀 더 익숙해졌을 것이고, 그러한 몸으로 사는 존재가 바로 나라는 것을 무리 없이 이해하고 받아들일 수 있었을지도 모른다. 나는 내가 무엇을 할 수 있는지 알고 싶었다. 이것은 정치인이 경험 삼아 한번 휠체어를 타고 전동차 레일이나 인도 위에서 서두르면서 밀치고 나아가거나, 묵직한 문을 열고 각진 모퉁이를 돌고 나면 사라지는 잠시 잠깐의 쇼 같다. 이 무언극을 닮은 동작은 몸이 기억하는 행위나 세상에 존재하는 것과는 아무런 상관이 없다. 나는 발목 골절상을 입은 상태에서 부모님과 한집에서 살았다. 우리는 낯선 풍경 속 위기 상황에 처해 있었던 셈이다.

그럼에도 우리는 또 다른 미래를 엿볼 수 있었다. 그것은 내게 익숙한 미래처럼 어둑한 그림자에 휩싸여 있었다.

나는 여전히 두 발로 걸을 수 있다. 이 사실은 내게 매우 중요하다. 나는 셀 수 없이 많은 이론서와 분석적 비평서와 자서전을 읽었다. 걷는다는 행위가 그토록 특별하게 여겨지는 이유는 무엇일까? 교통사고를 당한 사람들, 또는 다시는 두 발로 걸을 수 없는 사람들을 당장에라도 휠체어에 태워 의료기관에서 내보낼 수 있음에도 불구하고, 수년이 걸린다 할지라도 그들에게 보행 훈련을 시키는 문화는 어떻게 설명할 수 있을까? 두 발로 보행 가능한 이들이 휠체어 사용자들을 자못 무시하는 이유는 무엇일까?

나는 그 대답을 모른다. 하지만 분명히 이유가 없지는 않을 것이다. 어쨌든 나는 여전히 걸을 수 있다.

그럼에도 나는 발목 골절상을 당한 후 휠체어를 타고 밖에 나가지 않았다. 가면을 내려놓은 듯한 느낌이었다. 예전에는 나를 부축해 줄 팔이나 어깨를 빌려 달라며 주저 없이 도움을 청했다. 나는 클럽이나 술집에 가는 일도 포기했다. 문밖에서 줄을 서고 싶지 않았기 때문이다.

그즈음 나는 클럽은 물론 콘서트장 등 춤을 출 수 있는 곳에는 발을 들이지 않았다. 어떤 면에선 자유와 해방감마저 느낄 수 있었다. 하지만 그것은 클럽 밖에 우연히 휠체어를 세워 놓은 사람, 그들과 다르지 않은 사람인 척 행세함으로써 애인을 만들 수 있다는 환상을 포기해야 한다는 것을 의미하기도 했다.

그것이 내게 너무나 큰 아픔을 주었다는 사실을 깨닫고 놀라지 않을 수 없었다. 나는 발목뼈가 다시 붙을 때까지 기다려야만 했을 뿐 아니라 삶을 새롭게 재정비해야만 했다. 재활치료 중에 장애와 관련된 프로젝트의 연구직에 응모했고 연구원으로 뽑혔다는 소식을 들었다. 몇 년 전만 하더라도 가능한 한 그러한 주제를 회피했다. 이제 다시 오랫동안 대답을 찾지 못했던 질문이 내게 찾아들었다. 세상 속에서의 나는 누구인가?

그즈음 나는 거의 반년 동안 항상 휠체어를 사용했다. 한 걸음을 내디딜 때마다 고통스러웠기 때문이다. "나를 죽이지 못하는 고통은 나를 더 강하게 만든다"라는 말은 전혀 옳지 않다. 나를 죽이지 못하는 고통은 나를 더 겸손하게 만들고 나의 약점을 더욱 절실히 깨달을 수

있게 만든다. 나는 내게 일어났던 일을 통해 그렇게 변
할 수 있기를 바랐다.

8
수치심을 내려놓으려 한다

어린 시절을 떠올릴 때마다 내가 가 보지 못했던 길, 될 수 없었던 또 다른 내 모습을 본다. 그것은 보르헤스의 '미로'나, 「끝없이 두 갈래로 갈라지는 길들이 있는 정원」에 대한 이야기처럼 너무나 많다. 그중에서도 특별히 더욱 선명하게 나를 덮치는 이미지가 있다. 나는 가끔 낯선 이들과의 대화에서 좀이 쑤시는 듯한 기분을 느낄 때가 있고, 그것은 자주 충동적인 말로 변한다. 그 때문에 미처 생각을 정리하기도 전에 '내가 일하는 대학'에 관해 말을 하게 된다.

"오, 일을 하시나요?"
그런 말을 들을 때면 말을 더 이어 가야 할 필요성은 더욱 강렬해지고, 나는 더 뻔뻔스럽게 대답을 한다.
"네, 저는 대학교수입니다."
"아, 그렇군요. 하긴, 머리를 쓰는 일은 문제가 없을 테니까요, 비록⋯⋯."
그렇다. 문제가 있을 필요도 없다.

그들이 악의적인 의도로 그런 말을 하진 않았을 것이다. 그들은 다른 모든 이들과 마찬가지로 단순하고 일반적인 법칙을 따랐을 뿐이다. 통계적으로 본다면 나는 현재

장애연금 수혜자로 살고 있을 것이다. 내가 사용하는 휠체어만 봐도 명백한 사실이 아닌가. 물론 휠체어로 증명을 할 수는 없지만 정황적 증거는 될 수 있다. 여기에 더해 더 많은 추정이 뒤따르며, 그것은 기대한 예상과는 달리 정반대로 나타날 수도 있다. 내겐 아내와 아들이 있다. 나는 사고를 하고 느낄 수 있다. 무언가 날카로운 것에 찔리면 피가 나기도 한다.

나는 곰곰이 생각해 본다. 그들도 역시 나와 같은 인간이다. 하지만 나는 그들이 무슨 생각을 하는지 모른다.

*

나는 단 한 번도 특수학교에 다닌 적이 없다. 물론 특수학교에 가서 구경을 해 본 적은 있다. 처음 만났던 물리치료사는 일반학교 뒤편에 조그맣게 마련된 작은 특수학교에서 일하고 있었다. 물리치료사는 내 몸의 각 부분이 제자리를 찾을 수 있도록 도움을 주었다.

나는 여러 물리치료사에게서 도움을 받았다. 그 수는 언뜻 생각나는 대로 손꼽아 보아도 두 자리 수에 이른다. 대부분은 지속적으로 나를 도와주고 싶어 했다. 하지만 그들을 찾을 때 문제점의 한계를 설정하는 것은 매우 중요하다. 그렇지 않을 경우 내가 난처한 경우에 처할 수도 있다.

그들은 처음 몇 달 동안은 매우 열정적이었고 소위 '계획'을 세우고 그에 따라 치료를 진행했다. 그럼에도 불구하고 내 몸이 나아지지 않는다는 것을 깨닫는 순간, 그들의 열정은 사라졌다.

나의 팔은 내 의지에 따라 움직이기가 쉽지 않다. 마치 독자적으로 살아가는 생명체와도 같아서 이미 원하는 각도를 찾아 여기에 안주하려는 것 같다. 재봉사가 재단한 양복을 입을 때면 내 팔은 평소보다 짧아지는 것 같고, 옷장에 양복 재킷을 걸어 놓을 때면 내 팔은 아래로 축 늘어져 있다.

나는 열여덟 살 때 폴레스타에서 재단한 수제 코트를 입기 시작했다. 이 코트는 아직도 내 옷장에 있는 옷 중에서 가장 비싼 옷이다. 양모 재질의 잿빛을 띤 회색 코트를 재단하는 동안 세 번에 걸쳐 가봉을 했고, 그 덕분에 맞춤 제작에 따른 재봉의 과정이 어떠한지 직접 살펴볼 수 있었다. 첫 번째 가봉을 하던 날, 내 어깨는 다른 사람들보다 훨씬 곧다는 사실을 알게 되었다. 견갑골은 살짝 앞쪽을 가리키고 그 윗부분은 직선으로 쭉 뻗어 있었다. 코트는 모양을 갖추어 가기 시작했다. 말총을 붙인 부분은 갑옷이나 거북이를 연상시켰다. 비정상적으로 일직선을 이루며 안쪽으로 굽은 어깻죽지 위의 목 또한 거북이를 연상시켰다.

코트는 상당히 비실용적이었다. 매우 무거운 재질로 만들어졌으나 전혀 따뜻하지 않았기에 겨울용으로 적합하지 않았다. 그럼에도 이 세상의 무언가는 나를 위해 만들어졌다는 것을 생각하니 마음은 따스했다. 그 코트는 내 몸의 형태에 따라 한 치의 오차도 없이 제작되었기 때문이다.

나는 코트를 입을 때마다 적지 않은 노력을 기울여야 했다. 코트를 입기 위해 두 팔을 충분히 뻗을 수 없었기 때문이다. 가장 좋은 방법은 먼저 오른팔을 코트의 소매에 끝까지 집어넣은 후, 왼팔의 아랫부분을 코트에 충분히 고정시킨 다음 코트를 살짝 비틀듯 움직이는 것이었다. 그러면 두 팔을 코트의 소매에 집어넣을 수 있었다.

몇 년 전, 나는 물리치료 받는 일을 그만두었다. 꽤 오랫동안 고심한 후 내린 결정이었다. 그 이유는 그들이 내가 아는 것보다 더 많이 알지 못한다는 생각 때문이었다. 나의 케이스는 나나 그들에게나 모두 미지의 영역이었고, 우리가 행한 치료와 트레이닝은 모두 일상적 의식에 불과했다. 물리치료를 포기하는 것은 생각보다 훨씬 쉬웠다. 솔직히 나는 그들이 정해 놓은 역할을 수행하거나, 종교에 가까운 타인의 신념을 채우기 위해 소비할 시간이 없었다. 물론 물리치료를 그만두었다고 미지의 영역에서 벗어난 것은 아니다. 하지만 적어도 내가 스스로 결정한 방식대로 살 수 있었다.

*

살다 보면 롤모델을 찾을 때가 있다. 내가 텔레비전 드라마 〈웨스트윙(The West Wing)〉을 좋아했던 이유는 꽤 많다. 그중에서도 바틀렛 대통령이 재킷을 입을 때의 동작은 내 눈에 너무나 매력적으로 보였다. 그는 마치 전장에 나가는 장수가 망토를 걸치듯 재킷을 등 뒤에서 머리 위로 살짝 던지듯 하며 입었다. 나는 그것이 무엇을 의미하는지 본능적으로 알아챘고, 훗날 배우는 내 짐작을 확인해 주었다.

마틴 신
(Martin Sheen)

나는 매우 힘들게 이 세상에 태어났습니다. 그들은 집게를 이용해 나를 끄집어냈고, 그 때문에 나의 왼쪽 어깨는 부서져 버렸습니다. 그 때문에 지금도 왼쪽 손을 자유롭게 움직일 수 없습니다.

인용문의 언어는 매우 적절하며 단어 선택 또한 나무랄데가 없다. 그것은 동일한 방식으로 여러 번 사용된 언어로서, 언어의 주체는 상대방에게 무엇을 전달해야 하는지 정확히 알고 있다는 것을 볼 수 있다. 나의 어깨는 부서졌다. 이제 나는 나만의 방식으로 재킷을 입는다.

나는 맞춤 제작한 코트를 무려 7년이나 입었다. 겨울에는 따뜻하지도 않았는데 말이다. 우리는 추위에 떨거나 몸을 움직일 때 평소보다 더 많은 에너지를 사용한다. 나는 7년이나 지난 후에 파커 점퍼를 구입했다. 맞춤 제작한 코트만큼 내 몸에 꼭 맞지는 않았다.

시간이 흐르면서 내가 발견한 사실은 다음과 같다. 내 발목은 이상한 위치에 고정되어 있고, 나의 근육은 비대칭적이다. 이두근은 삼두근보다 훨씬 강하며, 허벅지 근육의 뒷부분도 앞부분보다 훨씬 강하다. 팔다리의 힘줄과 인대는 수축되어 있다. 이 때문에 소파에서 일어날때도 어떻게 움직여야 할지 계획을 세워야 한다. 나는 너무나 짧거나 혹은 너무나 긴 줄로 꼭두각시를 조종하는 사람이나 마찬가지다. 항상 긴장 상태에 있다. 하지만 이것은 그 누구의 것도 아닌 바로 내 몸이다. 그리고 나는 내 몸이 행하는 동작에 익숙해 있다.

언젠가부터 의사와 이야기를 나눌 때 더는 불안해하지않았다. 어느 시점에 이르렀을 때는 의사의 도움이 필요한 구체적이고 한정된 문제점이 없을 때면 아예 의사를 찾지도 않았다. 어느 순간부터는 내 몸에 문제가 있어 고쳐야 한다는 생각을 하지 않게 되었다.

나는 불가능한 것을 원한다. 내가 원하는 것은 또 다른 세상이다. 그 세상이 어떤 것인지는 알 수 없다. 단지 그 세상이 더욱 활짝 열려 있고 더욱 자유로운 곳이기를 바랄 뿐이다. 그 세상 속에 나와 내가 사랑하는 모든 사람들을 위한 자리가 존재하기를 바란다.

이 글을 쓰는 지금, 알렉산데르는 채 한 살도 되지 않았다. 우리는 아이와 지금도 여전히 서로 알아 가고 있는 중이다. 우리는 우리가 아는 어떤 사람들보다 이 아이를 더 잘 알고 있다. 아이는 다른 사람이 아닌 자신만의 삶을 살고 있지만, 만약 주사위가 다른 곳으로 던져졌더라면 또 다른 생명이 이 아이의 자리를 대신했을지도 모른다.

이다와 내게 이 아이는 언어를 초월한 존재다. 그는 우주적 의미를 지닌 물리적 존재이며, 언어를 끌어당겨 자신의 중력장 속에서 삼켜 버린다. 사건의 지평선을 벗어나는 유일한 것은 아이의 얼굴, 아이의 미소뿐이다.

만약 우리가 이 아이의 부모가 아니었더라면 어떻게 이 아이를 표현하고 설명할 수 있을까? 우리는 아이를 표현하기 위해 어떤 언어를 사용했을까? 나의 집무실에는 갖가지 표현으로 가득 채워진 문서들로 빽빽하다. 나는 중립적인 언어, 객관적인 언어의 예를 수도 없이 소유하고 있다. 나는 이 동일하고 차가운 문장들을 읽고 또 읽는다.

짙은 금발과 갈색 눈동자를 지닌 3세 소년. 출중한 외모와 균형 잡힌 신체. 전반적으로 빈약한 체질이며 근육 발달 상황은 비교적 늦은 편이나 자세는 안정적임. 소년은 신경근 질환의 임상적 징후를 보이며, 신체의 전 근육 부위에 영향을 미치는 근병증이라고 생각됨.

나는 이런 식으로 표현되었고, 이런 식으로 보여졌다. 나는 하나의 임상적 사례일 뿐이었다. 나의 집무실에 보관된 문서들은 매우 잘 정돈되어 있다. 이 기록을 통해 해를 거듭하며 달라진 상황을 한눈에 볼 수 있다. 임상적 언어는 관료적 언어와 완벽하게 융합되어 있다. 이것은 앞으로의 삶을 어떻게 살 것인가 하는 문제를 놓고 지원 기관과 주고받았던 끝없는 대화로 이어진다.

문서에서 찾아볼 수 있는 또 다른 패턴은 백이면 백, 공공기관에서 정보를 요구한다는 것이었다. 그들은 아무리 사소한 정보라도 수없이 해를 거듭하며 반복해서 요구했다. 병원 진단서를 수도 없이 떼어야 했던 것은 물론이고, 현 상황을 증명하는 문서와 지원이 필요한 이유 등을 기록하고 공증해야만 했다. 이 패턴은 시간이 흐르면서 터무니없다고 여겨질 정도로 복잡해졌다. 그것은 마치 자기 유사성을 갖는 기하학적 프랙털 구조를 바탕으로 끊임없이 확장하는 창틀의 서리를 보는 것 같기도 했다. 내 집무실의 문서들은 오직 한 가지 방식으로만 멈출 수 있는 지옥의 텍스트 머신, 특수한 장치로 구성된 기계나 마찬가지였다.

*

복지연금 사무처 발행 문서 1993년 10월 15일	당 기관은 신청인이 얀 그루에의 부양 책임자로 등록되었음을 증명함.

＊

복지연금 사무처 발행 문서 1999년 2월 11일	당 기관은 현 상황에서 어떠한 지원과 관리가 필요한지 관련 정보를 요구함.

＊

복지연금 사무처 발행 문서 1996년 12월 5일	당 기관은 현재 당사자의 건강 상태에 관한 정보 및 당사자의 치료를 담당하는 의사의 정보를 요구함.

＊

복지연금 사무처 발행 문서 1994년 3월 10일	당 기관은 현재 당사자의 건강 상태에 관한 정보 및 당사자의 치료를 담당하는 의사의 정보를 요구함.

＊

복지연금 사무처 발행 문서 1993년 3월 10일	회계감사와 관련하여 필수적 의료 정보가 요구됨. 담당 의사의 이름과 병원 주소를 등록 바람.

＊

복지연금 사무처 발행 문서 1991년 2월 7일	회계감사와 관련하여 필수적 의료 정보가 요구됨. 담당 의사의 이름과 병원 주소를 등록 바람.

＊

사회보험법원 발행 문서 1987년 12월 23일	사회보험법원의 요청에 따라 이루어진 전화 통화에서 항소인은 항소인의 아들이 3세가 되던 해부터 대소변을 확실하게 가렸다고 진술함.

바흐의 '푸가'처럼 반복적이며 미묘하게 변화하는 이 패턴은 오랜 시간이 흐른 후에 외부인의 시선으로 들여다볼 때 기이한 효과를 생성한다. 정체와 고요함, 불변의 상태와 동시에 시간은 끊임없이 흐르고 삶을 계속된다는 느낌을 만들어 내는 것이다. 나는 이 긴장감 때문에 끝없이 고조되는 캐논 형식을 엿볼 수 있는 바흐의 '음악적 헌정'을 떠올렸다. 더글러스 호프스태터(Douglas Hofstadter)는 그의 저서 『괴델, 에셔, 바흐(Gödel, Escher, Bach)』에서 이렇게 말했다. "우리는 계층적 시스템 속에서 (위 또는 아래로) 항상 움직이고 있다고 생각하지만, 어느 날 갑자기 시작점에 되돌아와 있는 우리 자신을 발견하게 된다."

진단은 진단이고 진단이고, 필요는 필요이고 필요이다. 이것들은 끊임없이 반복해서 증명해야 하기 때문이다. 이것은 당국에서 증인의 말에 변함이 없는지 그 일관성을 확인하기 위해 진술서를 여러 번 요구하는 것과 같은 이치다.

동시에 삶은 이러한 문서와 상관없이 지속된다. 1980년대와 1990년대에도. 음악은 계속된다.

이제 나는 공공기관과의 대화를 시작해 보려 한다. 수십 년 동안 계속될 대화를. 이 대화는 알렉산데르의 임상적 상태, 진단과 관련된 것이고 앞으로도 계속해서 반복해 엮어 나가야 할 대화라고 생각해 보자.

나: 대답을 해 주세요! 당신은 누구입니까?
목소리: 나 자신입니다.

나: 그런 대답은 도움이 되지 않습니다. 그렇다면 당신은 무엇입니까?

목소리: 막강한 힘을 지닌 지원 기관입니다.

나: 그렇다면 나를 도와주세요!

지원 기관: 그루에 씨, 밖으로 둘러 가세요.

나: 그렇게 할 수는 없습니다! (책상을 내려치고 머리를 쥐는다.)

지원 기관: 그루에 씨, 우리는 당신을 도울 수 있는 유일한 지원 기관입니다.

상처를 입지 않는 것은 지원 기관이며, 부정적인 토를 달 수 있는 것도 지원 기관뿐이다. 지원 기관은 죽은 존재이며 동시에 살아 있는 존재다.

······ 그리고 이 일은 계속된다. 앞뒤로 반복되는 일은 여전히 길고, 안팎으로 반복되는 길은 여전히 비좁기만 하다.

부모님은 병이 앞으로 어떻게 진전될지 알 수 없었다. 부모님조차도 경험해 본 적이 없는 새로운 상황이었다. 항상 그렇듯 미래는 불확실하기 짝이 없다.

우리는 알렉산데르가 어떤 종류의 삶을 살아갈지 알 수 없다. 내년, 아니 당장 내일, 아이에게 무슨 일이 생길지도 알 수 없다. 삶의 패턴은 시간과 함께 형성되며, 문서와 편지는 하나씩 차례차례 발송된다. 우리는 한 번에 하나씩 관료적 언어와 임상적 언어를 내면화한다. 부모님이 그 언어를 내면화한 후엔 내 차례가 돌아온다. 결국 우리는 그 언어를 숙지하게 된다. 우리 가족은 이를 피해 갈 수 없다.

*

자주 있는 일은 아니지만 나는 가끔 아무런 이상이 없는 내 몸을 꿈꾼다. 그것은 항상 오해로 귀결된다. 나는 더 열심히 내 몸을 단련시켜야 한다. 그렇다면 언젠가는 지금보다 더 건강해질 수 있을 것이다. 휠체어도 필요 없을 것이다. 내겐 아무런 이상이 없다.

*

내 몸에는 아무런 이상이 없다. 그렇다면 그 생각은 과연 어디서 생겨나는 것일까? 도대체 무엇이 그 그림자를 내게 던지는 것일까?

일반적으로 낙인이 찍힌 개인도 우리의 정체성에 관해서는 같은 생각을 한다. 이것은 명백한 사실이다.   어빙 고프먼

정체성을 획득한다는 것은 누군가를 닮기 위해 배우는 것이며, 동시에 각 개인은 서로 다르다는 것을 배우는 것이다. 내가 어떤 사람이 되고 싶었는지 알고 싶다는 것은 지금의 내 모습과 과거 이상적으로 생각했던 내 모습이 얼마나 차이를 보이는지 그 간격을 재어 보고 싶기 때문이다. 나는 이제 얼마나 그 모습에 가까워졌는지 알아보고 싶다.

낙인 또는 스티그마에 관한 고프먼의 개념은 수치심과 밀접하게 연결되어 있고 수치심은 실존적 변이와 연결되어 있다. 낙인 개념이 작용하기 위해서는 낙인의 대상자와 그를 둘러싼 주변 사회 및 일반 구성원들이 무언가 잘못되었다는 것을 이해하고 동의해야 한다는 전제 조건이 필요하다. 수치심은 기본적으로 무언가 잘못되었

다는 생각 때문에 생겨난다. 잘못된 조건하에서 사는 삶인 것이다. 나는 바로 이 수치심에서 벗어나고자 한다. 나는 글을 쓰며 수치심을 고찰하고 표출하며, 글과 함께 수치심을 내려놓고자 한다.

낙인은 행위를 통해 위장하고 억제할 수는 있지만 행위를 통해 제거할 수는 없다. 낙인이라는 것은 그 사람이 무엇을 하느냐가 아니라, 그 사람이 누구인가에서 이유를 찾아볼 수 있기 때문이다. 그 사람이 누구인지, 또는 그 사람이 주변에 어떻게 보이는가에 따라 그가 하는 모든 행위를 해석하는 틀이 형성된다. 이 틀 안에서는 가장 순수하고 무고한 행위조차도 수치심이 초래될 수 있다. 내가 옷을 신중하게 골라 입고, 휠체어를 깨끗하게 닦고, 올바르게 행동하려고 노력하는 이유는 부분적으로나마 내가 보내는 다른 신호, 다른 표시가 타인의 눈에 어떻게 해석되는지 잘 알기 때문이다.

나는 다른 삶을 살 수도 있었다. 내가 과거에 시도해 본 기존의 입증된 방식과 규정에 순응하는 방식만이 존재하는 것은 아니다. 나는 울분을 쏟아 내며 활동가로 살 수도 있었다. 스스로를 쇠사슬에 묶고, 있는 힘껏 소리를 지르며 살 수도 있었다.

하지만 나는 이 세상 그 어느 누구도 성가시게 할 생각은 없다.

저항을 이루는 요소는 무엇인가? 그것은 또 다른 언어, 또 다른 태도이다. 수치스러워하지 않으며 공개적으로 이야기하는 것이다. 나의 삶은 다른 이들의 삶과 다르다. 나는 나만의 삶을 살고 있다.

나는 이 말들과 이 책으로 세상 속에 나를 위한 자리를 만든다. 만약 이 일이 성공한다면, 나는 세상의 한 부분을 재창조할 수 있을 것이다. 이 말들과 이 책으로.

*

세상 속에 스스로를 위한 자리를 만든다는 것은 쉽지 않다. 세상은 저항을 만들어 내기 때문이다.

만약 누가 내게 카리브해의 한 섬을 소설 속에서 창작하라면, 나는 그 섬을 어디에 배치해야 할지 알지 못할 것이다. 현재의 카리브해를 살펴보면 크고 작은 섬으로 빽빽하다. 거기엔 상상 속의 섬이 들어설 자리가 없다. 만약 그곳에 섬을 하나 떨어뜨린다면 해일이 발생해 다른 모든 섬이 물에 씻겨 사라질 것이다.

로런스 웨슐러
(Lawrence Weschler)

나는 수년 동안 터무니없는 발상에 근거한 불가능한 일을 주제로 단편을 썼다. 그것은 저항의 한 형태였으며, 연습의 과정이었다. 그것은 한계를 시험해 보는 일이기도 했다.

소설가는 '침춤'*을 실현할 수 있어야 하며, 호흡을 불어넣고, 역설적이긴 하지만 세상 속에 자신이 창조한 캐릭터들이 각자의 운명에 따라 살아갈 수 있는 무의 공간, 무의 시간을 허용할 수 있어야 한다.

로런스 웨슐러

처음 읽을 때 그것이 아무리 터무니없는 상상에 기반한 이야기라 할지라도, 현실적인 세상에서 사는 현실적인 인간과 관련이 없는 이야기라면 그것은 소설이라 할 수 없다.

* Tsimtsum, 신이 개념적 공간을 허용하기 위해 시작했던 창조 과정. 루리아의 교리를 설명하는 용어.

틀뢴*과의 접촉과 그에 순응했던 일 때문에 이 세상은 붕괴되었다. 인류는 그 엄격함에 매료되었고, 엄격함은 천사가 아니라 바로 그들의 지도자들을 궁지에 몰아넣는 요소라는 것을 반복적으로 망각했다. 이미 틀뢴의 (사변적) '원시적 언어'는 학교를 침범했고, 인류의 생동감 넘치고 조화로운 역사를 가르치는 수업은 이미 나의 유년기를 지배했던 그것에 의해 흔적마저 찾아볼 수 없다. 허구의 과거는 우리의 기억 속에서 불확실한 또 다른 과거—거짓된 과거인지 진실된 과거인지도 확신할 수 없는—를 대신하여 자리 잡았다.

*

끝나는 지점은 바로 여기다. 바로 여기가 시작점이기 때문이다. 나는 또 다른 세상을 꿈꾼다.

그 세상에는 휠체어와 휠체어를 사용하는 나와 같은 사람들도 자연스럽게 젖어들 수 있는 공간이 있다. 그 세상에서는 어느 누구도 우리를 문제(그 누구도 해결하기 싫어하는 문제)를 일으키는 골치 아픈 존재라고 생각지 않는다. 그 세상은 내가 건물의 벽이나 길 난간에 몸을 지탱하지 않고서도 움직일 수 있는 곳이며, 앞으로 나아가는 데 아무런 장애물도 없는 곳이다. 그곳은 모든 것이 자연스레 물 흐르듯 움직이는 세상이다.

나는 한꺼번에 너무 많은 꿈을 꿀 수 없다. 눈을 뜨면 슬픔이 찾아들기 때문이다. 깨어 있을 때도 자연스러운 세상을 느껴 보려 노력한다.

* Tlön, 보르헤스의 단편 「틀뢴, 우크바르, 오르비스 테르티우스」 속에 등장하는 틀뢴은 가상세계 또는 환상세계를 의미하며 오늘날 새로운 메타버스 공간을 지칭하는 단어로 통용 중이다.

내가 가 보았던 곳 중에서 그 세상과 가장 가까운 곳은 캘리포니아였다. 널찍한 길과 완만한 경사의 언덕길, 햇살 가득한 풍경. 하지만 샌프란시스코와 버클리의 햇살 아래에는 발에 아물지 않은 상처로 가득한 노숙자들이 금방이라도 부서질 것 같은 낡은 수동 휠체어에 앉아 있다. 잘 설계된 갤러리와 레스토랑 그리고 대학 건물은 그들을 위한 것이 아니다. 그것들은 복지국가의 탯줄을 미처 자르지도 못한 채 날아온 나, 오직 나만을 위한 것이었다.

아니, 내가 꿈꾸었던 세상과 가장 가까운 세상은 바로 나의 가정이다. 내가 태어나고 내가 선물로 받았던 가정. 내게 주어진 선물은 내가 만들어 낸 것이기도 하다. 그것은 허구다. 그것은 세상의 빈 공간이다. 숨결을 불어넣어야 한다.

*

충분히 깊고 자세하게 고안된 소설에는 이미 현실적 요소가 침투해 있다. 새로운 세상이라 할지라도 사람이 살 수 있을 만큼 세부적 요소가 자리를 잡고 있다면, 그 세상에도 갖가지 삶의 문제와 그들만의 정책을 찾아볼 수 있다.

하나의 주어진 문화와 주어진 시대에서 모든 지식을 위한 가능성의 조건을 결정하는 '인식'은 이론의 형식이든 또는 소리 없는 현실적 실천의 형식이든 단 하나의 형태로 표현된다.

미셸 푸코

우리가 몸을 담고 있는 세상에서 벗어나 사고를 한다는 것은 거의 불가능하다. 이것이 바로 푸코가 말하고자 하는 것이다. 우리는 동시대의 사고방식에 묶여 있으며 우리가 사는 동시대는 행동 양식에 의존한다. 이 사람은 휠체어 사용자이며, 이것은 휠체어다.

조르주 쿠통은 어떤 휠체어 사용자였던가? 혁명의 시대에 살았던 그는 스스로를 어떻게 정의했을까?

나보다 한 시대 앞서 태어나서 삶의 말기에야 인간적인 삶을 살았던 마크 오브라이언은 스스로를 어떻게 바라보았을까?

미셸 푸코　나는 오늘 행하는 이 담론에 자연스럽게 스며들고 싶습니다. 그리고 이 담론은 앞으로도 수년 동안 내가 이 자리에서 행해야 하는 것인지도 모릅니다.

*

이제 이론에서 벗어나 보자. 내가 행하는 담론은 내 삶에 관한 것이다. 삶은 실천과 경험이다. 행위와 움직임은 점진적인 조립 작업이다. 나는 시간과 함께 서서히 내 몸에 적응했고, 내 몸을 사랑하는 방법을 배웠다. 점차적으로 조건적 상태를 형성해 나가는 내 몸의 한계도 알고 있다. 숨을 들이쉬어 보자.

나는 휠체어에 앉아 강의를 한다. 휠체어의 의자는 회전 장치가 있어 청중 쪽으로 돌릴 수 있다. 나는 강의를 할 때 이전보다 훨씬 말을 천천히 한다. 문장과 문장 사이에 여유를 두고 호흡을 하기도 한다. 만약 배경이 고요하면 전경에서 일어나는 일이 작고 미묘할지라도 청중의 흥미와 관심을 충분히 끌 수 있다. 숨을 내쉬어 보자.

알렉산데르가 소파에 앉아 있는 내게 다가온다. 아이는 자신의 뒤를 따라다니는 사람이 이다라는 것을 안다. 나를 따라다니는 사람은 이 아이다. 숨을 들이쉬어 보자.

나는 테이블 앞 높다란 의자에 앉아 있다. 알렉산데르는 내 팔을 잡고 의자 위로 기어오르려 한다. 아이는 내 다리를 꽉 잡고 일어서서 손을 뻗어 나의 소매를 잡아당긴다. 아이는 내게 안겨서 싱크대에 놓인 설거지용 노란색 장갑을 가리킨다. 우리가 같은 것을 보고 같은 감정을 나눈다는 것은 아이에게 매우 중요하다. 아이는 노란색 장갑이 참 예쁘다고 말하려는 것 같다. 숨을 내쉬어 보자.

*

이다와 사귄 후 한참이나 지났을 무렵, 이다는 우리의 첫 만남을 이야기했다. 2009년 가을, 우리는 아셰호우그 출판사가 개최한 작문 강좌에서 처음 만났다. 우리는 그곳에서 매주 한 번씩 저녁 무렵에 만나 논픽션에 관해 이야기를 나누었다.

나는 무언가 새로운 것을 시도해 보고 싶어서 그 강좌에 등록했다. 캘리포니아에서 돌아온 후 두 달이 지난 시점이었다. 그해, 내겐 꽤 많은 변화가 일어났다. 그때 내게 무슨 일이 있었는지 지금 말로 설명하기는 쉽지 않다. 내가 몸을 움직이는 방식, 몸으로 나의 의사를 표현하는 방식, 삶에 관한 태도 등에 변화가 생겼다. 나는 지금도 여전히 변화 중에 있다는 것을 잘 알고 있다. 하지만 그 당시에는 내게 일어난 변화가 나를 어디로 이끌어 갈지 짐작할 수도 없었다.

이른 가을 어느 날, 우리는 세헤스테스 광장에 함께 모여 서서 방탄유리로 된 출판사 건물 앞의 철문이 열리기를 기다리고 있었다. 나는 노르웨이 작가 다그 솔스타(Dag Solstad)가 아셰호우그 출판사의 철문을 혼자 열기에는 힘이 부족해 월덴달 출판사로 옮겨 갔다는 이야기를 들은 적도 있다. 그 이야기가 사실인지는 알 길이 없지만, 만약 사실이라면 그를 충분히 이해할 수 있을 것 같았다. 이 책을 출판한 월덴달 출판사의 건물은 보편적 형태의 구조로 입구에 자동문이 설치되어 있다. 반면 아셰호우그 출판사는 1층에 이르기 위해 다섯 계단을 올라야 한다.

나는 그 계단에 매우 익숙하다. 작문 강좌에 참가했던 2009년, 나는 세헤스테스 광장에 자리한 두 곳의 출판사에서 모두 소설 원고를 거부당했다. 그 이후, 무슨 이유에선지는 모르겠지만 소설보다는 논픽션을 쓰는 것이 더 쉬울 거라고 생각했다. '예술'을 창조해 낼 수 없다 하더라도 '진실'을 쓰는 것은 가능하다고 생각했기 때문일까. 그렇게 해서 쓰기 시작한 글이 바로 이 책이 되었다. 그리고 지난 10년 동안 나는 소설 한 권과 꽤 많은 단편을 출간했다. 실제로 있었던 일, 진실을 기록한다는 것은 그만큼 어려운 일이었다. 숨을 들이쉬어 보자.

다음은 실제로 있었던 일이다.

나는 세헤스테스 광장에서 커다랗고 묵직한 휠체어에 앉아 있었다. 휠체어는 나와 함께 대서양을 건너 집으로 돌아온 지 얼마 되지 않았다. 내 속에는 여전히 캘리포니아가 살아 숨 쉰다. 아셰호우그 출판사 입구에서 1층에 이르는 다섯 발자국은 버클리의 유칼립투스 나무들보다 훨씬 멀게 느껴졌다.

이다는 그날 오후의 기억을 내게 이야기해 주었다. 이다의 기억은 나의 기억과 거의 비슷했다. 이다는 강의가 진행될 방으로 가기 위해선 반드시 거쳐야 할 계단 앞에서 커다랗고 묵직한 휠체어에 앉아 있는 나를 보았다. 이다는 내 걱정을 하고 있었던 것이다. 이다는 내가 문제라고 생각했던 것, 바로 내 앞에 놓인 돌계단을 보았다. 비슷한 상황 속에 있던 다른 이들은 나를 걸림돌이라고 보았다. 나 또한 나 자신을 걸림돌이라고 보았다. 처음 있는 일은 아니었다. 숨을 내쉬어 보자.

불과 몇 년 전만 하더라도 다른 사람들의 도움을 받지 않고 혼자 힘으로 그 다섯 계단을 올라가려 시도했을 것이다. 설사 도움을 받을 수 있다 하더라도 고집을 피웠을 것이다. 벽에 몸을 기대고 한쪽 다리에 몸의 무게중심을 실은 채, 다른 쪽 다리를 질질 끌며 다른 사람들과 눈을 마주치지 않은 채 부디 넘어지지 않기만을 바라는 것이 내가 할 수 있는 최선의 방법이었음에도 말이다. 만약 그 방법이 실패했을 경우에만 마지못해 도움을 받아들였을 것이다.

하지만 그날은 다른 때와 달리 광장에 있는 사람들을 둘러보며 하나하나 인사를 나누었다. 그중 키가 비슷한 두 남자가 눈에 들어왔다. 그들은 나보다 약 10~20센티미터 정도 더 커 보였다. 나는 출입문이 열린 후 건물 안으로 들어가기 직전 그들에게 먼저 도움을 청했다. 그들에게 무엇을 어떻게 해야 하는지 상세하게 설명해 주었다.

나는 그중 한 명에게 내 가방을 건네주었다. 잠시 후, 둘은 내 양쪽에 서서 나를 부축해 주었다. 나는 그들의 어깨에 두 팔을 각각 얹어 몸을 의지했다. 그들은 내가 계단을 천천히 하나하나 조심스레 올라갈 수 있도록 도와주었다. 계단 위에 도착했을 때 그들에게 "잠시 기다려 달라"고 부탁했다. 몸의 균형을 잡고 홀로 설 수 있기 위해서였다. "덕분에 고맙습니다." 나는 그들에게 감사의 말을 건넸고, 우리는 강좌가 열리는 방으로 함께 갔다. 이다는 그 모든 과정을 지켜보았다. 내가 사람들에게 도움을 청하려고 미리 준비를 하고 있었던 것 같다고 이다는 말했고, 바로 그 점에 감탄했다고 덧붙였다.

가끔은 그처럼 쉽게 해결될 때도 있다. 사람들은 기꺼이 도움을 주려 한다. 그들은 어떻게 도와야 할지 모르지만 도우려는 마음을 품고 있다. 어떤 이들은 나를 안아 들어 올리는 일을 문제없이 해낼 수 있는 반면, 어떤 이들은 그렇지 않다. 거리를 두고 뒤에서 지켜보는 사람도 있고 가끔은 어떻게 해야 할지 몰라 뻣뻣하게 긴장된 모습으로 가만히 서 있는 사람도 있다. 내게 필요한 것은 그런 것이 아니다. 내게 필요한 것은 도움을 줄 때 내가 얼마나 약한지 또는 얼마나 강한지, 내가 어느 방향으로 몸을 움직일 수 있는지, 그리고 내가 언제 균형을 잃고 넘어지는지 자세히 알기 위해 내게 충분히 가까이 다가와 줄 수 있는 사람들이다. 물론 우연을 배제할 수는 없겠지만, 대체적으로 집에 조그만 아이들이 있는 사람들, 무거운 것을 운반하는 데 익숙한 사람들, 자신보다 더 약한 사람들의 몸에 대해서 잘 알고 있는 사람들이 도와줄 때면 나도 매우 편하게 움직일 수 있다. 숨을 들이쉬어 보자.

물론 상황이 생각처럼 돌아가지 않을 때도 있다. 다 큰 어른들은 낯선 이들에게 좀처럼 도움을 청하지 않는다. 도움이 필요할 때도 그들이 자신의 체취를 느낄 수 있을 만큼 가까이 다가와야 한다면 꺼리는 경우가 많다. 하지만 이 명백한 원인이 존재하는 한계를 넘게 되면 다음 단계로 진입하는 장의 문이 열리기 마련이다.

모든 것은 내게 달려 있었다. 항상 그랬다. 수동성 또한 사회적으로 눈에 보이는 태도라는 사실을 깨닫기까지 오랜 시간이 걸렸다. 나는 다른 사람들보다 훨씬 행동의 제약이 많지만, 그 때문에 수동적일 필요는 없다는 것을 깨달아야만 했다. 캘리포니아에서 잠시 살았던 것은 이것을 깨닫는 데 큰 도움이 되었다. 그곳에서 미소 짓는 것을 배웠고, 내 목소리를 잘 사용해야 한다는 것도 배웠다. 나는 내 삶을 직접 연출하는 것을 배웠다. 숨을 내쉬어 보자.

*

그것은 나만의 문제가 아니라는 것을 깨달았다. 나만의 문제였던 적은 단 한 번도 없었다. 우리는 매일매일 이 무대 위에서 진행되는 삶을 함께 꾸려 나가야 한다. 어빙 고프먼은 우리가 '성격'이라 부르는 것을 안정적 물질처럼 잘 이해하기 위해 이러한 연극 공연에 큰 의미를 부여했다. 어쩌면 우리 각자의 내면에는 안정된 자아가 존재할지도 모른다. 하지만 이 자아가 숨겨져 있다면 무슨 의미가 있을까?

하나의 배역을 맡아 가면을 벗을 사이도 없이 하루종일 연극을 해야 한다면 그 역은 나의 얼굴이 된다. 그 경우,

나는 내가 세상이 보는 것과는 다른 존재라 주장할 수도 있고, 내겐 겉으로는 보이지 않는 또 다른 자질이 있으며, 드러나지 않은 영웅이라고 생각할 수도 있다는 것이다. 하지만 외부에서 아무도 알아주지 않는다면 무슨 소용이 있을까?

이다는 나와 사귀기 시작한 날부터 내게 찍힌 낙인을 자신의 것으로 받아들였다. 그것은 나와는 다른 방식으로 이다에게 영향을 주었다. 사람들은 내게 묻지 못했던 질문들을 이다에게 던졌다. 예의 바른 관심부터 꼬치꼬치 캐묻는 사람들, 내심 걱정하는 척하는 사람들에 이르기까지, 우리가 어떤 관계인지에 대한 수천 가지의 세세한 질문들이 이어졌다. 여행은 어떻게 하나요? 음식은 어떻게 만드나요? 걷지도 못하는 사람과 성생활을 할 수는 있나요? 침대 위에서도 휠체어를 사용하나요? 어린이들은 순수한 호기심에서 질문을 던진다. 하지만 어른들은 복잡하고도 순수하지 못한 동기 의식을 바탕으로 초현실적인 이미지를 그려 낸다. 침대 위에서도 휠체어를 사용하나요?

모든 작은 질문에는 작고 사소한 대답이 따르기 마련이다. 대다수 사람들은 주어진 상황이 어떠하든 작고 사소한 공간 속에서 삶을 영위한다. 그들이 이다에게 던지지 못했던 유일하고도 본질적인 질문은 '왜 당신은 그의 낙인을 함께 나누는 일을 선택했나요?'라는 것이었다. 그 질문에 대한 대답은 낯선 사람들에게 주기엔 너무나 크고 중요한 것이다.

낙인이 찍힌 사람들은 온몸으로 경험한다. 각각의 질문

들이 얼마나 무지하고 성가시든 간에 상처를 지닌 채 모두 받아들여야 한다.

낙인이 찍힌 사람들은 대부분 자리를 피한다. 타인, 즉 보통 사람들과 시선을 마주치면 좋을 게 하나도 없기 때문이다.

낙인은 사방팔방으로 보내지는 일종의 고주파 잡음과도 같다. 그 속을 통과하려면 주파수에 관해 알아야 한다. 그들이 보내는 주파수가 어떤 종류의 것인지, 또 어떤 식으로 강화되는지 알기 위해서는 경험이 필요하다.

나는 미국에서 인터넷 데이트를 시도해 본 적이 있다. 인터넷 데이트라는 것은 이미 서예나 예의범절이라는 단어처럼 구시대의 것으로 여겨진다. 틴더라는 앱이 나오기 이전의 일이었으니, 지금 이 글을 쓰고 있는 순간도 시간이라는 개념에 영향을 받는다고 볼 수 있다. 나는 인터넷 데이트를 시도해 보며, 수많은 실망과 희망을 통해 한 가지 중요한 점을 배웠다. 그것은 몸은 숨길 수 없으며 휠체어 또한 사람들의 머릿속에서 지울 수 없다는 것이다.

그럼에도 그것은 내가 원하는 것이었다. 마치 상징물 그 자체를 제거하면 그것들이 상징하는 바를 바꿀 수 있기라도 하듯. 자신을 내보이는 행위에는 위장과 교묘한 속임수를 동원할 수 있지만, 위장에도 한계가 있다. 어떤 형태의 낙인은 숨기면 숨길수록 더욱 극명하게 드러난다. 휠체어를 전혀 언급하지 않는 것은 수치심을 의미하고, 휠체어를 프로필 사진의 구석에 보일 듯 말 듯 배치하는 것은 이중적 수치심을 암시한다. "휠체어, 어떤 휠체어를 말씀하시는 건가요? 아! 저것 말인가요? 저 휠체어요? 아마 제 거일 거예요. 어느 날 문밖에 황량하게 방치돼 있기에 통로로 가져다 놓았는데, 그 이후로 줄곧 여기에 있었군요." 나는 휠체어에 앉아 있는 내 몸을 하얀 천으로 가린 사진을 올렸을지도 모른다. 나의 수치심은 그만큼 컸다.

미국에서 만났던 한 여성은 나와 대화를 나누다 보면 기진맥진해진다고 말했다. 여성은 끈질기고 가차 없는 사회학적 인터뷰를 당하는 느낌을 지울 수 없다고 덧붙였다. 내가 너무나 많은 질문을 속사포처럼 던졌기에 말할 기회조차 얻지 못했기 때문이다. 하지만 그것은 의도된 것이었다. 저녁이 끝날 무렵 우리는 입맞춤을 했고, 그 정적의 순간에 그것은 '작별의 키스'라는 명확한 메시지를 읽었다.

그런 일은 여러 번 있었다. 나는 서서히, 그 말 뒤에 남아 있는 무언가가 있다는 것을 배웠다. 나는 서서히, 내 몸이 다른 사람과 다를지라도 명확한 소통을 해낼 수 있다는 것을 배웠다. 그것을 더 잘 알아야 한다는 필요성을 느꼈다. 그것을 더 잘 알기 위해선 임상적 언어가 아닌 또 다른 언어를 배워야 했던 것은 물론이다.

*

나는 글을 쓸 때 몇몇 단어를 의도적으로 피한다. 사용할 수 있지만 사용하지 않는 단어들이 있다. 나는 후속 조치가 필요한 하나의 의학적 사례로 살아가고 싶진 않다. 비록 이다와 나는 타인의 눈에 종종 그러한 예로 비치지만, 우리가 그러한 삶을 사는 것을 원치 않는다. 그것은 부분적으로 우리가 스스로 만들어 낸 실수이기도 하다. 우리는 먼저 사람들에게 다가갔다. 은폐된 삶을 살고 싶진 않았기 때문이다. 하지만 그것은 우리가 무엇을 하든 사람들의 눈에 너무나 잘 띄기 때문이기도 하다. 우리는 대중 속에서 몸을 숨길 수가 없다.

우리가 함께하는 삶은 환상이 아니다. 도덕적 또는 철학적으로 삶을 실증하기 위해서도 아니며, 윤리적 딜레마를 해결하기 위해서도 아니다.

내가 어떤 단어를 사용하든, 또는 사용하지 않든 이것은 이미 진 싸움이다. 나는 이미 너무나 많은 것들의 대표적인 예로 살고 있기 때문이다. 나는 휠체어 사용자이며, 한 아이의 아버지일 뿐 아니라, 작가이며 학자이기도 하다. 나는 이미 오래전부터 한 예로 살아왔다. 이제 나와 함께 살며 나와 함께 아이를 낳아 키우는 이다도 마찬가지다. 이다는 나와 살기 시작한 첫날부터 사람들의 회의적인 눈초리와 걱정이 담긴 말을 들어야만 했다. "아…… 정말 쉽지 않은 결정을 내렸군요."

나는 실제로 경험했던 일에 관해 가능한 한 쉽게 글을 쓰려 노력한다. 아울러 우리가 함께하는 삶에 관해 글을 쓰며 함의적 표현이나 암시를 배제한다. 우리의 삶을 최대한 단순하게 표현하기 위해.

*

나는 내가 무엇인지, 또는 내가 누구인지 알지 못해 방황의 시기를 보낸 적이 있다. 나는 내가 속해야 하는 카테고리를 찾지 못했다. 스스로 바라보는 나 자신의 모습은 수많은 사소한 만남과 기대감 속에서 서서히 형태를 갖추기 시작했다. 나는 내 몸이 어떤 몸인지 알지 못했다.

내가 내 몸이 어떤 몸인지 몰랐던 이유는 이야기가 부족했기 때문이다. 이 세상에는 몸이 약한 어린이, 병든 어린이에 관한 이야기를 수도 없이 찾아볼 수 있다. 그들에게 일어나는 일은 둘 중 하나뿐이다. 다시 건강해지거나 목숨을 잃는 일. 미운 오리 새끼의 삶을 살거나 장난감 병정의 삶이 될 뿐이다.

그렇다면 어른이 되어서도 여전히 병약한 우리 같은 사람들은 어떻게 될까? 어른이 되어서도 서사적 형태의 삶에 순응할 적절성을 갖추지 못한 사람들, 평생 상이성 속에서 살아야 하는 사람들, 평생 자신만의 이상한 삶을 부여잡고 살아야 하는 우리 같은 사람들에겐 무슨 일이 생길까?

우리는 표본 집단에 속하지 않는다. 우리는 길의 가장자리에 서 있다. 우리는 각각 다른 삶의 방식을 하나하나 직접 시험해 보아야 하며, 어떠한 보장도 없이 수많은 실패를 경험할 것이라는 것도 잘 알고 있다.

우리에겐 롤모델이 없다. 우리에겐 어떻게 연애를 하고, 동반자를 얻고, 부모가 되어야 하는지 가르쳐 주는 사람도 없다.

여기에는 자유가 존재한다. 하지만 이 압도적으로 거대한 자유는 얼어붙은 광활한 벌판과도 같다. 테라 인코그니타.

나는 나 자신을 더욱 명확하게 보기 시작했을 무렵, 이
다를 만났다. 그럼에도 불구하고 거의 무의식적으로 과
거의 길을 따랐다. 마침내 이다의 시선으로, 외부의 시
선으로 나 자신을 볼 수 있게 되자 불쾌감이 뒤따랐다.
내가 순응하고 적응했던 것들을 보았다. 나라는 존재를
형성한 힘의 윤곽, 불분명했던 것, 다를 수도 있었던 것
들의 윤곽이 더욱 명확히 보이기 시작했다. 그 이후, 우
리는 함께 새로운 길에 발을 들여놓을 수 있었다.

우리는 덴마크로 함께 여행을 갔다. 우리의 첫 외국 여
행이자 일종의 리허설이었다. 본무대는 그로부터 약 반
년 후에 있었다. 나는 이다에게 캘리포니아를 보여 주고
싶었고 언젠가는 함께 캘리포니아에 갈 것이라는 것을
알고 있었다. 하지만 우리에겐 리허설이 필요했다. 서로
에 관해 모르는 것이 여전히 많았기 때문이었다. 우리는
약 1년간 연애를 했지만, 항상 아셰호우그 출판사라는
객관적이고 중립적인 환경 속에서 만남을 가졌다. 세상
밖에서 함께 돌아다니는 것과 부부가 되는 것은 완전히
다른 일이었다.

이다는 공항에서 무심코 홀로 걷기 시작했다. 커다랗고
묵직한 휠체어를 특수 수하물로 체크인하는 것은 시간
도 걸리고 지루하기 짝이 없는 일이었다. 우리는 안내
데스크 앞에 줄을 섰다. 나는 이미 그때부터 평소와는
다르다는 것을 느낄 수 있었다. 오슬로 가르데르모엔국
제공항의 출국장은 거의 모든 과정이 자동화되어 있었
다. 안내 데스크 앞에 줄을 서 있는 사람들은 우리를 비

롯해 갓난아이를 안은 젊은 부모들, 디지털화된 세상에 익숙지 않은 사람들, 커다란 반려견을 데리고 여행을 하는 사람들뿐이었다.

우리는 안내 데스크 앞에서 약 15분 동안 기다렸다. 먼저 개인 정보를 등록해야만 했다. 나는 비행기 표를 예약할 때 이미 모든 필요한 정보를 그들에게 주었다. 하지만 항공사들은 꼭 필요할 때 기억력이 저하되는 이상한 능력을 지닌 단체가 아니었던가. 우리는 특수 수하물을 담당하는 직원이 올 때까지 다시 30분을 더 기다렸다. 전자 장치가 장착된 200킬로그램가량의 복잡한 기계를 어떻게 다루어야 하는지 설명해 주기 위해서였다. 나는 목적지가 어디든 공항에 갈 때면 항상 최소 두 시간 전에 도착하는 것을 철칙으로 삼고 있다. 나는 서두를 수가 없는 사람이니까.

내 휠체어가 수하물 컨베이어를 통해 어디론가 사라졌다. 휠체어가 무사하게 목적지까지 도착할 수 있기를 바라며 소리 없는 기도를 했다. 우리는 공항에서 수동 휠체어를 대여했다. 이다는 내가 탄 수동 휠체어를 밀며 보안 검색대를 통과했다. 이다는 그날 처음 내 휠체어를 밀어 주었다. 그 행위에서 느낄 수 있는 미묘한 친밀감에 기분이 이상해졌다. 내 팔은 수동 휠체어의 바퀴를 움직일 수 있을 만큼 강하지 않다. 물론 조그만 어린아이처럼 속수무책으로 무력하진 않았지만, 이다가 밀어 주는 휠체어에 앉아 있으려니 너무나도 나약하고 취약한 사람처럼 여겨졌다. 나는 타인에 의해 여기저기 옮겨 가야 했고, 여기 또는 저기에 세워졌으며, 이 공항에서 저 공항으로 옮겨졌다. 유아차에 앉아 상체를 앞으로 쏙 내밀고 유아차 가장자리를 잡고 몸을 흔들며 "더 빨리, 더 빨리"라고 소리치는 조그만 아이를 보았다. 나는 그들에게서 동병상련을 느꼈다.

수하물 검색대를 통과한 후, 이다는 다시 나를 홀로 내버려 두고 어디론가 가 버렸다. 내가 홀로 움직이는 것에 익숙해져 있었기 때문이다. 그렇다. 나는 전동 휠체어에 앉아 있을 때면 다른 사람들과 마찬가지로 원하는 곳으로 자유롭게 움직일 수 있다. 하지만 수동 휠체어에 앉아 있을 때면 이야기가 달라진다.

이다를 큰 소리로 부르는 순간, 살짝 양심의 가책을 느꼈다. 내 목소리를 들은 이다가 당황하고 난처해할 거라는 걸 잘 알고 있었기 때문이다. 마치 커다란 비눗방울을 바늘로 터뜨리는 듯한 느낌이었다. 우리는 그 비눗방울 속에서는 다른 여느 연인들처럼 지낼 수 있었다.

하지만 우리는 여느 연인들과는 같을 수가 없다. 우리는 우리일 뿐.

몇 분 후, 이다는 큰 소리로 웃음을 터뜨렸다. 우리는 다시 움직이기 시작했다. 곧 우리가 탄 비행기가 이륙을 했다. 나는 비행기가 영원히 착륙하지 않았으면 좋겠다고 바랐다.

이쯤에서 문제의 다른 면을 언급하지 않을 수 없다. 이다는 내가 공항에서 어떻게 다루어지는지 직접 본 후에 크게 화를 냈다. 비행기는 코펜하겐에 도착했지만 우리가 사전에 예약했던 수동 휠체어는 어디서도 볼 수 없었다. 공항 직원은 내게 게이트 옆에 있던 골프 카트까지 걸어갈 수 없겠느냐고 물었다. 그들의 말투는 반은 체념

한 듯, 반은 애원하는 듯했다. 나는 그런 말투를 여러 번 들어 보았기에 이미 익숙해져 있었다. 서비스 직종에 종사하는 사람들, 자신의 일은 물론 고객들의 불만에도 관심이 없는 사람들이 자주 그런 말투를 사용했다. 만약 공항에서 너무나 불편하고 피곤하다는 이유로 휠체어 사용자가 비행기 타는 일을 그만둔다면, 온 세상의 나머지 사람들의 삶은 훨씬 더 편해질 것이다.

그들의 말투는 내게 꼭 휠체어가 있어야만 움직일 수 있느냐고 묻는 것 같았다. 내가 그들에게 휠체어가 없으면 안 된다고 설명하는 동안, 이다는 어이없다는 표정으로 그들을 쏘아보았다. 이다는 그들이 마지못해 휠체어를 가져와 나를 게이트 옆에 있던 골프 카트까지 밀어 주는 동안 솟구치는 화를 억지로 눌렀다. 골프 카트 옆에 도착한 후에도 내가 휠체어에서 골프 카트에 옮겨 탈 수 있도록 도와주는 사람은 아무도 없었다. 결국 도움을 준 사람은 이다였다. 이 모든 것은 내게 매우 익숙한 일이었다. 내겐 그것이 여행이었다. 나는 코펜하겐 카스트루프국제공항의 대기실도 잘 알고 있다. 그곳은 도움이 필요한 승객들이 비행기를 기다리는 동안 몇 시간이고 함께 모여 대기하는 장소였다. 사뮈엘 베케트의 『고도를 기다리며』를 연상시키는 이 공간에는 화장실도 있었고 정수기도 있었다.

그것은 이다에겐 낯선 세상이었다. 그렇기에 이다의 분노는 자연스러운 것이었다. 이성적인 반응이었다. 하지만 아무리 합리적이라 하더라도 30년을 고수할 반응은 아니며, 지난한 세월 동안 (몸에 해를 끼치지 않고) 몸속에 가두어 둘 수 있는 감정도 아니다.

그로부터 몇 년 후, 우리는 프랑스의 보르도를 향해 여행을 떠났다. 경유지로 잠시 거쳤던 샤를드골공항은 세계에서 두 번째로 나쁜 공항이었다. 아마 직원들의 수준 낮은 서비스까지 포함한다면 세계 최악의 공항일 것이다. 우리는 도움을 줄 직원들을 기다리느라 한참을 대기했다. 마침내 직원들이 우리를 데리러 왔으나, 다시 그들이 담배를 피우며 휴식 시간을 가지느라 30분을 더 기다려야만 했다. 그들은 마치 입국장에서 수하물을 픽업하기 위해 컨베이어에서 조금 떨어져 기다리는 관광객들처럼 우리에게서 조금 떨어져 선 채 우리의 일거수일투족을 시선으로 따랐다. 마치 우리를 잃어버리면 큰일이라도 생길 것처럼. 마침내 그들이 너무나도 서투른 동작으로 나를 안아 올려 대기하고 있던 녹슨 흰색 차로 향했다. 하지만 그들은 차 바로 앞에서 나를 놓쳤고, 나는 바닥에 떨어져 버렸다.

네덜란드로 여행을 갔을 때는 공항 직원에게서 질책을 받기도 했다. 우리가 스히폴공항에서 암스테르담까지 가는 기차를 사전에 예약하지 않았다는 이유 때문이었다. 휠체어를 타고 기차에 오를 수 있도록 이동 계단을 설치하는 작업은 3분밖에 걸리지 않았다. 하지만 공항 직원의 말에 의하면 그 일을 하기 위해선 어쨌거나 24시간 전에 예약이 필요하다는 것이었다.

이다는 화를 억누르며 내게 눈앞에서 벌어지는 일을 자세히 보라고 요구했다. 이다는 내가 마치 교통 흐름에 방해가 되는 짐짝처럼 취급되는 것이 이상하지 않느냐고 말했다. 나는 그것이 이상하게 보일 수 있다는 것이 오히려 더 이상하다고 느꼈다. 사실 나 또한 오래전에는 그것이 이상하다고 생각한 적이 있었다. 하지만 나는 항상 그런 식으로 여행을 했다. 그리고 시간이 흐르면서 그것이 내겐 자연스러운 일이라는 것을 몸으로 체험했기에 더는 이상하게 여겨지지 않았다. 그것은 나의 업이기도 했다. 우리는 끊임없이 세상과 맞서 싸우며 살아갈 수는 없다. 적어도 나는 그럴 수 없었다. 나는 이다의 분노를 너무나 잘 이해할 수 있었지만, 나 스스로 분노를 표출할 수는 없었다. 그 때문에 이다는 나를 대신해 분노를 표출한 것이다. 우리는 지금도 여전히 함께 여행하기 위해 계획을 세운다. 우리는 앞으로도 여행 중에 어떤 일이 생기든 비행기에 몸을 싣고 함께 자유로운 도피를 계속하리라는 것을 알고 있다.

*

이다, 난 내가 누구인지 잘 알고 있다고 생각했어. 난 내가 무엇인지 잘 알고 있다고 생각했어. 당신은 그런 나를 다시 돌아보게끔 만들어 주었어.

*

우리가 함께 살기 시작했을 때, 이다는 매우 조심스럽게 평범한 것들에 관해 질문을 던졌다. 내가 연애를 몇 번이나 했는지, 누가 나의 첫사랑이었는지 등. 이다는 그런 질문들이 내게 상처를 주리라는 것을 잘 알고 있었다. 어쩌면 대답을 회피하는 나의 태도 때문에 이다가 상처를 받았을지도 모른다. 내가 선뜻 대답을 하지 못한 이유는 나의 수많은 이야기들 중에서 어떤 부분을 이다에게 해 주어야 할지 몰랐기 때문이었다.

그중 하나는 말 그대로 평범한 이야기였다. 언제 첫 키스를 했는지, 언제 처음으로 섹스를 했는지 등. 어떤 이야기들은 절로 웃음을 머금게 했고, 어떤 이야기들은 짐짓 나를 돋보이게 만드는 동시에 내가 어떤 사람인지 설명해 주는 효과를 발휘하기도 했다. 그런 이야기는 이다에게 충분히 해 줄 수 있었다. 거짓이라곤 조금도 담겨 있지 않았으니까. 단지 조금 빈약했을 뿐.

또 다른 이야기는 빈약함에 관한 것이었다. 그것은 갈망과 동경에 관한 이야기이며 현재와 다른 모습으로 살아가는 나와 그 이유에 관한 것이었다. 여기에는 내가 사랑에 빠졌을 때, 삶이 만족스럽다고 느꼈을 때의 이야기가 아닌, 차마 입 밖으로 꺼내지 못한 이야기들이 자리 잡고 있다. 사랑을 하고 만족스러운 삶을 살 때 느끼는 행복감은 어마어마하다. 나는 그때의 나 자신을 돌아보는 것만으로도 현기증을 느낄 지경이다. 저 발밑의 바닥을 내려다보는 것만으로도 어지러울 정도니까.

나는 이다에게 어떤 질문을 던져야 할지 신중하게 생각했다. 내가 질문을 던지면 이다는 내게 다시 어떤 질문을 돌려줄까. 나는 체면을 잃어버릴까 봐 두려웠다. 내가 어떤 사람인지 이다가 속속들이 알게 될까 봐 겁이 났던 것이다. 마치 내가 휠체어에 앉아 있다는 사실을 이다가 갑자기 알아채기라도 하듯.

9

우리가 아이를 갖는 것은 남들과 달랐던가

나는 모든 것을 뒤로한 채 떠나는 꿈을 꾸곤 했다. 꿈 속의 나는 여행 가방도 없이 훌쩍 여행을 떠났고, 옷가지는 해변에 그대로 놓아둔 채 바닷물 속에서 헤엄을 쳤다. 낯선 도시의 거리를 걷다가—내 상상 속의 낯선 도시는 파리였다—마음이 내키면 카페에 불쑥 들어가 음료수를 주문하기도 했다. 물론, 나는 지나가는 행인들과 다를 게 없는 평범한 모습이었고 휠체어 또한 어디서도 볼 수 없었다.

나는 왜 자유와 관련된 이 두 개의 이미지를 떠올렸던가? 그것은 불가능한 것을 가능한 것으로 투영했기 때문이다. 그것들은 나와 연결되어 있기에 눈을 감으면 냄새와 맛, 평범함과 외로움을 모두 절실하게 느낄 수 있었다. 그것은 우울한 이미지들이었다.

이다는 나와 사귀기 전에는 외국에 자주 나가 보지 못했으며, 더더구나 파리는 단 한 번도 가 본 적이 없다고 말했다. 반면 나는 덴마크, 네덜란드, 미국에서 꽤 오랫동안 시간을 보냈다. 나는 지금껏 살아오며 꽤 많은 특권을 누렸다. 비록 그것을 특권이라 생각지 않았지만 말이다.

나는 이 나라뿐만 아니라 제2, 제3의 나라에서 교육을 받았고 대학까지 나왔다.

하나의 일자리를 얻고, 또 하나의 일자리를 더 얻었다. 문득, 나는 벼랑 끝을 달리는 만화 속의 주인공이 된 것 같았다. 아래를 내려다보기 전까지는 추락의 위험을 느끼지 못한다. 그래서 나는 앞만 보며 달렸던가. 일은 집중하게 만들며 자유를 가져다준다. 나는 설사 어떠한 희생과 비용이 따르더라도 다른 사람들만큼 훌륭하다는 것을 보여 주고, 그들만큼 생산적이라는 것을 보여 주고 싶었다.

이다, 나는 당신을 만났어.
우리는 결혼을 했고,
함께 아이를 갖기로 마음먹었지.

나는 이 말을 이다가 출산을 일주일 앞둔 시점에 글로 적었다. 그 당시, 나는 언제라도 이다가 병원에 갈 수 있을 것이라 믿고 긴장을 놓지 않았다.

그로부터 반년 후 나는 이 말을 다시 글로 썼다. 이다는 알렉산데르를 등에 업고 마치 셰르파가 된 것 같다고 말했다. 아이는 이다의 등에 업힌 채 미소를 지었다. 아이는 지금 어디에 있는지, 또 어디에 있으면 안전한지 잘 아는 것 같았다.

글로 적기를 세 번째 반복했다. 다시 그로부터 1년이 지났고, 알렉산데르는 어린이집에 있으며 이다는 서재에 있다. 우리는 더 이상 매사에 예민하지 않다. 우리는 한 아이의 부모가 되었다. 우리는 매일매일 우리가 할 수 있는 일은 무엇이며, 또 할 수 없는 일은 무엇인지 배우는 과정에 있다.

세 사람이 우리 집을 매일 드나든다. 그들은 알렉산데르를 어린이집에 데려다주고 집으로 데려오는 나를 그림자처럼 따른다. 그들은 나의 팔과 다리가 아니다. 내게도 팔과 다리가 있다. 그들은 나를 도와주는 사람들일 뿐이다. 그들은 알렉산데르를 안아 올려 내 무릎 위에 올려준다. 그들은 아이에게 외투를 입히는 나를 도와준다. 그리고 우리는 함께 세상 밖으로 나간다.

*

우리가 아이를 갖는 것은 남들과 달랐던가. 한 사람의 출산은 다른 사람의 출산과 비교할 수 있던가.

우리는 예정일로부터 닷새가 지나고 나서야 마침내 출산이 가까워졌다고 생각했다.

한밤중이었다. 이다는 이미 여러 날 가벼운 진통을 느껴왔다. 들은 바에 의하면 출산 전의 가진통과 분만 직전의 진통은 다르다고 했다. 하지만 그것을 한 번도 경험해 본 적이 없는 사람이라면 그 둘을 어떻게 구별할 수 있을까? 어둠 속의 커다란 동물, 그리고 어둠 속의 또 다른 커다란 동물 정도로 구별하면 될까.

우리는 병원에 전화를 했다. 그들은 우리에게 좀 더 기다려 보라고 조언했다. "보아하니 지금은 집에서 안정을 취하며 기다리는 것이 더 좋을 것 같군요. 원한다면 지금 당장 병원에 오셔도 상관없습니다만."

우리는 병원 측과 사전에 대화를 했다. 그들은 우리가 다른 부부와 같지 않다는 것을 이미 알고 있었다. 다른 부부들은 필요하면 언제든 재빨리 움직일 수 있지만, 우리는 그렇지 않다. 우리는 마지막 순간에 모든 일이 극적으로 벌어지는 로맨틱 코미디의 한 장면처럼, 남편이 출산에 필요한 갖가지 도구들을 차에 실었다가 내리는 일을 열두 번이나 반복할 수 없다. 물론 영화에서는 그럼에도 불구하고 일이 순조롭게 진행된다. 우리의 경우에는 일이 순조롭게 진행된다는 것은 우리가 발생 가능한 모든 경우에 대비해 사전에 철저한 계획을 세우고 만반의 준비를 했다는 의미다.

그런 의미에서 우리는 다른 부부와 같지 않다. 우리는 출산을 앞둔 일주일 내내 우리 가족이 아닌 다른 사람과 함께 지내야만 했다. 이다와 가장 가까운 친구인 마리는 이다의 출산 예정일이 하루 지난 바로 다음 날부터 우리 집에 들어와 함께 생활하기 시작했다. 마리는 손님방— 아이가 태어난 후엔 아이의 방이 되었다—에서 묵었다. 우리는 이다의 진통이 본격적으로 시작될 무렵, 마리의 도움이 필요하다는 것을 인지했다. 마리는 이다가 현기증을 느낄 때 부축해 주기 위해 또는 이다가 급히 택시를 타야 할 때 동행하기 위해 우리와 함께 생활했다. 나와 휠체어가 다 들어갈 수 있는 대형 택시를 예약할 수도 있지만, 이 경우 택시가 언제 오는지 가늠할 수가 없다. 가끔은 호출한 후 한 시간이 지나서야 올 때도 있으니까. 그 때문에 우리는 대안적 계획이 필요했다.

출산 예정일이 가까워졌다. 우리는 집에서 배달 음식을 시켜 먹으며 영화를 보았다. 거실이 별장이라 생각했고,

다시 일상으로 돌아간 척하며 하루하루를 보냈다. 마치 다시 십 대 철부지가 된 것 같았다. 우리는 무엇을 의미하는지도 모른 채 새로운 삶이 시작되기만을 기다렸다.

한밤중에 이다가 통증을 느꼈다. 그 정도가 심했기에 이번에는 정말 진통이 왔다고 생각했다. 어둠 속의 커다란 동물은 날카로운 뿔과 이빨이 있었다. 슈트 케이스 안에는 출산 전후에 필요한 물건들을 이미 오래전에 넣어두었다. 마리는 슈트 케이스를 마당에 내놓은 뒤 이다를 부축했다. 나는 필요하다고 생각되는 이런저런 사소한 물건들을 휠체어에 가득 실었고, 우리는 함께 택시가 오기를 기다렸다. 물론 나는 그들과 함께 택시를 타고 갈 수 없었다.

이다와 마리를 태운 택시는 어둠 속으로 사라졌다. 나는 쿵쿵 뛰는 심장 소리를 들으며 휠체어를 타고 그들의 뒤를 따랐다. 어둠이 깃든 거리, 텅 빈 거리, 봄이 살짝 스치고 지나간 거리, 겨울의 끝머리를 알리는 녹은 눈과 그 사이로 듬성듬성 드러난 자갈길. 나는 알렉산데르 실란스 광장과 신호등의 녹색 불을 기다릴 여유도 없이 우엘란스 거리를 지나 시르케베이엔 거리를 따라갔다. 어쩐 일인지 밤에는 휠체어가 더 빨리 움직이는 것 같았다. 체감상으로는 시속 10킬로미터의 제한 속도보다 훨씬 빠른 것 같았다. 이다가 탄 택시와 나의 휠체어는 병원 앞에 거의 동시에 도착했다.

이다는 자신의 여동생이 권해 준 대로 수유 쿠션을 꽉 거머쥔 채 서 있었고, 마리는 택시에서 슈트 케이스를 내리고 있었다. 내 눈앞에 벌어지는 일들이 현실적으로

다가오지 않았다. 이미 여러 번 연습해 보았던 일들과
너무나도 비슷했기에 여전히 연습 중에 있다는 느낌이
나를 지배했기 때문일 것이다. 모든 일에 만반의 준비가
되었다고 믿는 것은 미친 짓이다. 낯선 곳에 무엇이 있
는지 다 알고 있다고 믿는 것. 그것은 벗어날 수 없는 일
종의 광기라고도 할 수 있다.

파업 때문에 비상 체제로 운영되는 병원의 출입문과 창
에는 어둠이 깃들어 있었다. 출입문 옆의 벨을 누르자
문이 열렸다. 우리는 엘리베이터를 타고 올라가 3층에
서 내렸다. 원했던 병실이 때마침 비어 있던 것은 우리
에게 행운이었다. 사전에 그 병실을 예약하긴 했지만,
우리가 도착할 즈음 병실이 비어 있을 경우에만 사용할
수 있다는 전제 조건이 붙어 있었기 때문이다. 신체와
관련된 모든 계약은 유보될 수 있다는 것이 진리다.

우리가 그 병실을 원했던 이유는 그곳에 마련된 침대 때
문이었다. 침대는 내가 혼자서도 일어날 수 있을 만큼
적당하게 높았다. 이것은 내가 이다에게 물을 가져다줄
수 있다는 것을 뜻했고, 마리가 이다의 진통을 덜어 주
기 위해 무릎으로 등을 꾹꾹 누르고 있을 때 나는 다른
방식으로 도움을 줄 수 있다는 것을 의미했다. 우리는
짐을 풀고 만반의 준비를 했다.

하지만, 아무 일도 일어나지 않았다. 시간은 자꾸만 흘
렀다.

우리는 그곳에 누워 하염없이 기다렸다. 1분은 10분이
되고 10분은 한 시간이 되었다. 병원 직원인 듯한 사람
이 문을 열고 우리에게 인사를 건넨 후 다시 어디론가

사라졌다. 이다는 몇 시간 눈을 붙일 수 있었다. 마리와 나는 다음 날 날이 밝을 때까지 뜬눈으로 지새웠다. 우리는 전쟁에서 패배한 병사들처럼 축 늘어진 채 다시 집으로 향했다.

우리가 좌절했던 이유는 무엇일까? 우리가 잘못한 것은 아무것도 없지 않은가. 우리는 단지 병원으로 가야 할 것 같아서 병원으로 간 것뿐이고, 가져가야 할 것들을 모두 가져갔을 뿐이다. 병실의 침대는 비어 있었고, 그것은 우리를 위한 것이었다. 하지만 우리는 너무나 오래 기다렸다. 우리의 기다림은 가을과 겨울 내내 지속되었다.

출산 예정일을 앞둔 마지막 한 달 동안, 우리는 대부분 거실에서 함께 시간을 보냈다. 나는 소파에 앉아 있었고 이다는 등받이를 뒤로 젖힐 수 있는 안락의자에 누워 있었다. 이다는 그 안락의자에서만 눈을 붙일 수 있었다. 우리는 함께 차를 마시고 책을 읽으며 기다리고 또 기다렸다. 가끔 낯설고 이상한 목소리가 내 귓전을 스치기도 했다. '아무 일도 생기지 않을 거야. 아이도 태어나지 않을 거야.'

하지만 아이는 이다의 배 속에서 발길질을 했다. 이다와 나는 배 속에서 발길질하는 아이를 느낄 수 있었다. 아이는 태어날 예정이었다. 단지 아이에게도 시간이 필요했을 뿐. 출산 예정일을 몇 주 남겨 두지 않았을 때, 배 속의 아이가 자세를 바꾸었다. 초음파 검사를 통해서 보았던 아이는 마치 해먹에 매달려 있는 것 같았다. 우리는 제왕절개 수술을 해야 할지도 모른다고 생각했다. 아이는 우리의 계획에는 전혀 관심도 없는 것 같았다. 그러던 어느 날, 배 속의 아이가 줄타기하는 곡예사처럼 다시 자세를 바꾸었다. 아이의 머리는 다시 아래쪽으로 향했다. 우리는 서로를 마주 보았다. "아이가 지금쯤 나오려 하지 않을까?" 그리고 한 마디 더. "그럴 거야. 그렇겠지?"

*

나는 왜 이것을 기록하고 있는가?
내가 이야기하고자 하는 것은 무엇인가?
내가 어른이 되기까지.
내가 인간이 되기까지.
내게서 변했던 것들.
내게서 변하지 않고 남아 있는 것들.

*

내게 없던 몸을 향한 슬픔과 동경. 그것은 내가 평생을 두고서도 떨쳐 버릴 수 없는 것이다. 정신의학에서는 건강한 슬픔이 병적 상태의 슬픔으로 변해 치료를 하고 다시 건강해지는 데 필요한 시간을 정의하기를, 6개월에서 3개월, 3개월에서 4주로 점점 더 짧게 엄격하게 제한하고 있다. 하지만 슬픔은 이처럼 정의할 수 있는 것이 아니다. 깊은 슬픔은 평생 벗어날 수 없다. 나의 슬픔은 깊은 슬픔이다. 나를 갈기갈기 찢어 놓은 것은 슬픔이 아니다. 슬픔은 내 일부가 되었다. 슬픔과 함께 살아간다는 것은 슬픔을 그 자체로 이해하고 받아들이는 것을 의미한다.

슬픔은 약해질 때도 있고 강해질 때도 있다. 내가 한 번도 해 보지 못한 것들을 내 아이가 해낼 것이라는 생각을 할 때, 나는 더욱 강렬한 슬픔을 느낀다. 시간이 흐르면서 나는 슬픔이 이러한 생각과 기대 속에 존재한다는 것을 발견했다. 현실이 나를 덮칠 때면 슬픔의 그림자는 사라져 버린다.

내 아이에 대한 나의 생각은 실재 내 아이의 모습과는 다르다. 아이가 태어나기 전에 가졌던 내 아이에 대한 생각은 어린 시절의 내 모습과 내가 되고 싶었던 아이의 모습이다. 내 아이는 지금 이 순간 실제로 찾아볼 수 있으며 이 세상에서 숨을 쉬며 사는 존재다.

이 아이는 나무에 오르고 힘차게 달리고 깡총깡총 뛰어다닌다. 내가 한 번도 직접 해 보지 못했던 일이다. 이 아이는 내가 아니다. 이 아이는 자기 자신일 뿐이다. 그 사실을 인지하는 순간, 슬픔은 방향을 바꾸어 이동한다. 이제 슬픔이 향하는 곳은 미래가 아니라 과거다. 이제 슬픔은 내게서만큼은 좋든 싫든 일어나지 않은 과거의 일들에 관한 것이 되었다.

나는 어린 시절 많은 것을 동경했다. 그중에서도 특히 수영장 속에서만이 아니라 땅 위에서도 가축 떼와 함께 자유로이 뛰어다닐 수 있는 신체적 자유를 갈망했다. 슬픔은 매번 이 동경과 갈망을 파도처럼 덮쳤다가 서서히 씻어 내렸다.

슬픔은 파도일 뿐 아니라 반향을 일으키는 파문이며, 폭풍 뒤에 오는 고요함이기도 하다. 이처럼 슬픔은 역설적이다. 슬픔은 내가 단 한 번도 가지지 못했던 것들에 대한 생각뿐 아니라, 스스로 벗어난 것들에 대한 생각 속에서도 찾아볼 수 있다. 어쩌면 슬픔은 시간이 흐르는 것을 깨닫는 것만큼이나 간단한 것일지도 모른다. 그것은 "절대 안 돼"라고 말하는 목소리, "결코 다시는 안 돼"라고 말하는 목소리다.

오래된 진료 기록을 읽을 때, 어린아이였던 나를 관찰하는 임상적 문서들을 읽을 때, 나의 미래를 예견하는 비관적이고 암울한 기록들을 읽을 때면, 내 삶은 생존에 관한 역사이며 나는 불행에서 구제된 존재라는 것을 깨닫게 된다. 동시에 나는 나를 닮은 사람들, 나를 닮았던 사람들, 그리고 불행에서 구제되지 못했던 사람들을 떠올린다.

슬픔은 직접 가 보기 전에는 그 누구도 이해하지 못하는 곳이다. 조앤 디디온

*

알렉산데르가 태어나기 전 어느 여름날, 이다와 나는 코펜하겐의 식물원을 방문했다. 코끝을 간질이는 낯익은 유칼립투스향에 옆을 돌아보았더니 이다 역시 향을 느끼는 듯했다. 유칼립투스향은 코펜하겐의 한 식물원, 북유럽이 아닌 대서양 저편의 기후를 모방한 한 온실에서도 맡을 수 있었다. 우리는 함께 캘리포니아에 다녀온 후였고, 캘리포니아에 관한 기억을 공유하고 있었다. 당시 이다는 막 임신했을 때였다. 우리는 임신이라 생각은 했지만 확신할 수는 없었다. 우리는 무언가 새로운 것을 향해 접어드는 전환기에 있었다. 우리가 확실히 아는 것은 하나도 없었지만, 아무래도 좋았다. 식물원 안의 작은 온실. 햇살과 솔잎, 그리고 유칼립투스의 향기.

그 느낌은 매년 9월이면 어김없이 나를 찾아온다. 맑은 햇살이 내리쬐는 청명한 날, 여름의 끝자락에서 느낄 수 있는 서늘한 공기를 접할 때면 지금 내 가족이 살고 있는 오슬로에서도 캘리포니아의 메아리를 느낄 수 있다.

*

나는 절대 씻어 낼 수 없는, 지속적인 세 번째 슬픔에 대해서도 잘 알고 있다. 이것은 존재하지도 않고 앞으로도 존재하지 않을 세상에 대한 슬픔이다. 이 슬픔은 울적하고 어두운 것이 아니라 내게 설 자리를 주지 않는 세상을 향한 분노와 씁쓸함이 섞인 것이다.

나는 질문을 던진다. '이만하면 충분한가?' 나는 대답을 들을 수 없다는 것을 잘 알고 있다.

나는 질문을 던진다. '내가 이 모든 일들을 해내지 못했다면 나는 지금 어떤 삶을 살고 있을까?' 이 질문의 대답도 들을 수 없다는 것을 나는 잘 알고 있다.

나는 다시 질문을 던진다. '만약 내 삶이 의사들이 예상했던 대로였다면, 만약 내가 지원 기관들이 예상했던 대로 살았다면, 만약 내가 더 넓은 하늘을 향해 손을 뻗지 않았더라면, 내 삶의 가치는 지금보다 줄어들었을까? 그렇다면 선택의 여지가 없는 삶을 살았던 다른 이들의 삶은 어떻게 되는 것일까?' 나는 이 질문에 대한 대답도 들을 수 없다는 것을 잘 알고 있다.

나는 분노와 슬픔으로 가득한 삶을 살고 싶지 않다. 나는 내게서 이러한 슬픔을 떨쳐 버리고자 한다.

*

그 아이가 아이에 불과했을 때,
아이는 아무런 의미를 지니지 못했다.
습관도 없었고,
자주 가부좌를 튼 채 앉아 있었다.
몸을 일으켜 달리면
바람에 머리카락이 날렸고,
사진사를 향해 얼굴을 찌푸리지 않았다.

*

경험은 부정의 여지가 없다. 경험은 회고와 성찰에서 얻을 수 있는 지혜와는 전혀 다른 실체를 지닌 것으로, 조각난 단어를 연결시켜 주며, 깊이 뿌리를 내린 식물과도 같아서 뽑아 올리면 아픔을 느끼게 된다.

내 몸도 마찬가지다. 다른 점이 있다면 내 몸은 경험으로 이루어져 있다는 것이다. 내겐 수많은 흉터와 상처가 있다. 나의 발목은 이전과 같지 않다. 현재 나의 왼발 상태는 오른발보다 훨씬 좋다. 매년 돌아오는 겨울은 해를 거듭할수록 더 무거워진다. 경험은 내 안에서 자리를 잡고, 퇴적물은 바닥으로 가라앉는다. 나는 이제 더 이상 투명하지 않다. 나는 견고한 실체다.

나는 당신을 만났습니다. 우리는 서로 만났습니다.

나는 세상을 있는 그대로 받아들이기 시작했다. 세상은 나와 같은 사람들을 위한 것이 아니라는 것을 깨닫기 시작했을 때부터였다. 나는 세상이 더 나아질 수 있을 것이라 믿고 싶다. 하지만 과연 그렇게 될 수 있을까. 어떤 것들은 더 나아지는 반면 다른 어떤 것들은 더 나빠질 것이다. 이 세상은 모든 사람을 품을 수도 없고, 모든 사람이 함께 설 수 있는 자리도 주지 않을 것이다. 하지만 이 세상은 불변의 세계가 아니다. 이 세상은 압력이 가해지면 굴복하는 세계다. 우리는 바로 거기에서 존재의 균열을 볼 수 있다.

✳

소견서
1988년 9월 21일

상태는 앞으로 한동안 더 호전되지도, 더 악화되지도 않을 것입니다. 그가 가정과 사회 속에서 가능한 한 정상적인 삶을 살 수 있도록 최상의 조건을 제공하는 것은 매우 중요합니다. 그는 뛰어난 재능과 능력이 있는 재원입니다.

달리 말하자면, 이들 중 명백한 것은 하나도 없다.

✳

나는 숭고함을 믿고, 세상의 힘을 있는 그대로 믿는다. 나는 세상이 나보다 무한히 더 강하다는 것을 알면서도 세상에 내 의지를 강요한다. 이 일은 오직 목표를 지향하고 끊임없이 고군분투하고 노력함으로써 이룰 수 있다. 이 일의 성공을 위해서는 머리카락 한 올마냥 가느다란 빛에 의지해 세상의 균열된 틈을 찾아야 한다.

우리는 서로에게 이렇게 말했다. "만약 우리에게 행운이 따라 준다면 아니, 우리가 원하는 것보다 훨씬 큰 행운이 따라 준다면, 둘 중 한 사람이 세상을 떠날 때 나머지 한 명이 함께 있어 줄 수 있을 거야."

✳

출산 예정일 몇 주 전부터는 코앞에 닥친 일 외에 다른 것이 들어설 자리가 없었다.

우리 집은 이전보다 훨씬 넓어졌다. 벽을 헐어 내고 방 두 개를 하나의 공간으로 만들었다. 공사가 남긴 먼지를 털어 내고 가구를 들이니 한 가족이 살 수 있는 넉넉한 공간이 만들어졌다. 우리는 곧 다가올 미지의 앞날을 기대하며 집 안을 확 바꾸었다.

내가 한 일은 계획에 따르는 것뿐이었다. 나는 이다가 들어와서 살기 직전 이다를 위해 더블 침대와 이다의 물건들을 둘 공간을 마련해 두었다. 이제 이 집에는 아이를 위한 방이 하나 더 생겼다. 이를 두고 희망의 삶이라 했던가.

이다의 출산 예정일에서 하루가 지났다. 다시 이틀이 지나고 일주일이 지났다. 그즈음, 우리 집에는 항상 누군가가 와 있었다. 우리는 때가 되면 도움이 필요할 것이라는 걸 잘 알고 있었다. 단지 우리에게 필요한 도움이 얼마나 큰 것인지 알지 못했을 뿐.

우리에게는 계획이 있었다. 계획이 있다는 것은 매우 현명한 일이다. 물론 계획만으로는 충분치 않지만 계획을 세우는 것이 멍청한 일이 아닌 것은 분명하다. 어느 날 저녁, 우리는 이다가 진통을 시작했다고 확신했다. 우리는 병원으로 갔고 그곳에서 다음 날 아침까지 머물렀다. 다시 집으로 돌아온 이다는 진통이 시작되었다고 홀로 상상했던 것은 아닐까 미심쩍어했다.

이틀 후, 우리는 다시 병원으로 갔다. 이번에는 달랐다. 집으로 돌아왔을 때는 새 생명과 함께였다.

우리는 병원에 도착한 후 처음 몇 시간 동안은 우리가 원했던 널찍한 병실을 이용할 수 있었다. 거기에는 더블 침대와 커다란 욕조, 이다가 사용할 수 있는 보행 보조기, 이다가 앉을 수 있는 커다란 짐볼도 있었다.

병실 안에서 우리가 사용한 유일한 물건은 더블 침대뿐이었다. 양수가 변색된 것을 발견하고부터는 우리의 머리 위에 먹구름이 끼었다. 우리는 병원 내의 다른 과로 이동해야만 했고, 이전보다 훨씬 비좁은 병실을 배정받았다. 그곳은 온갖 의학 장비로 가득했다. 이다의 몸에는 산모와 태아의 상태를 살펴보기 위한 모니터가 연결되었다. 침대는 비좁기 짝이 없는 전형적인 병원 침대였다. 이다는 침대 위에서 원하는 대로 움직일 수 없었기에 불편해했다. 엎친 데 덮친 격으로 진통은 더욱 강렬해졌다.

나를 위한 자리는 없었다. 병실 안으로 휠체어를 타고 들어갔지만, 곧 내가 있을 자리가 없다는 것을 깨달았다. 산모 두 명이 차례차례 들어온 후 나는 병실 밖으로 나가야만 했다. 나는 병실 안을 수차례 들락날락해 보다가, 결국 복도에 휠체어를 세워 둘 수밖에 없었다. 잠시 후 병원 직원이 간이침대 하나를 가져와 병실 창가에 배치했다. 그제야 내가 앉아 있을 수 있는 자리를 얻을 수 있었다. 이다의 진통이 조금 누그러질 때면, 나는 간이침대 위에서 휴식을 취했고 마리는 바닥에 온몸을 쭉 뻗고 누워 숨을 돌렸다. 이다는 길고 어두운 터널의 한가운데에 있는 것 같았다. 우리가 같은 방 안에 있다는 것을 아는 것 같기도, 모르는 것 같기도 했다.

우리는 불확실성 속에 있었다. 진통이 얼마나 오래 지속될지, 얼마나 강력할지 아는 사람은 아무도 없었다. 그 시간은 카이로스였고, 그 순간은 지평선을 가득 채웠다. 일주일간 가진통을 겪고 이틀 전에도 병원을 왔다 갔다 했던 이다는 기진맥진해 있었다. 나도 마찬가지였다. 우리는 생각이 날 때마다 먹고 마시는 일조차 잊어버리지 않도록 노력했고, 이다가 물과 당분을 충분히 섭취할 수 있도록 도왔다.

의사는 이다에게 제왕절개 수술을 권했다. 나 또한 이다가 수술을 해야 하지 않을까 생각하던 참이었기에 의사의 말을 듣고 오히려 안도했다. 물론 두려움도 없지 않았다. 이다는 아무것도 모르고 있었다. 이다는 충분히 자연분만이 가능하다고 생각했고 의지만 있다면 된다고 믿었다. 하지만 세상일은 의지만 있다고 되는 게 아니다. 탯줄이 우리 아이의 가슴을 칭칭 감고 있었기에 태아의 숨소리는 너무나 약했다. 우리의 의지가 아무리 강하다 할지라도 아이를 얽어맨 탯줄이 저절로 풀리지는 않는다. 한계를 만들어 내는 것은 바로 우리 인간의 몸이다. 그럼에도 나는 그처럼 믿음과 희망을 잃지 않는 이다를 사랑했다.

나는 수술실에 함께 들어갈 수 없었다. 내게 맞는 의료용 보호복은 있었으나 휠체어를 덮을 만한 보호 덮개는 없었기 때문이다. 수술실에 허락된 사람은 마리였다. 나와 이다의 첫아들을 가장 먼저 보고 안았던 사람도 마리였다. 하지만 우리는 이미 이런 일이 생길 것이라는 걸 잘 알고 있었다. 무슨 일이 생기든 이다가 혼자 있지 않도록 마리에게 도와 달라고 부탁했던 것도 우리였다. 우리는 믿었고, 희망을 가졌고, 계획을 세웠다.

이다와 의사, 그리고 마리가 한꺼번에 어디론가 사라졌다. 나는 텅 빈 분만실에 홀로 남아 기다렸다. 약 45분 정도. 그다지 긴 시간은 아니었지만, 생각할 시간으로는 충분했다. 그때의 시간과 생각은 지워 버리고 싶을 만큼 내겐 아찔한 것들이다.

아이를 안은 마리와 조산사가 들어왔다. 나는 침대에서 몸을 일으켜 아이를 받아 안았다. 아이는 매우 화가 나 있는 것 같았다. 충분히 그럴 만도 하다고 생각했다. 나는 이다를 보러 갈 때까지 아이를 안고 있었다. 우리는 다시 하나가 되었다. 우리, 세 사람.

*

아이는 너무나 빨리 자랐다. 하루가 다르게 힘도 세졌다. 나는 아이가 언젠가는 나보다 훨씬 강해질 것이라는 사실을 알고 있다. 하지만 아직까지는 내 품에 안겨 오랫동안 잠을 잔다. 아이의 머리카락도 점점 자랄 테지만, 아직까지는 바닷바람에 흔들리는 실오라기처럼 작고 연약할 뿐이다. 아이는 내 품에 안겨 잠을 자고 있다.

나는 오랫동안 내 품에 안겨 잠자는 아이를 바라보았다. 이다가 들어왔다. 우리 세 사람은 다시 하나가 되어 미지의 세상으로 향하는 길에 들어섰다.

지은이 얀 그루에(Jan Grue)

1981년 노르웨이 오슬로에서 태어났으며, 현재 오슬로대학교 언어학 교수다. 얀 그루에는 고뇌하는 인간의 내면을 언어학자의 시각에서 독창적으로 묘사하는 것으로 정평이 나 있다. 복잡다단한 세상에서 장애를 안고 살아가는 것이 무엇을 의미하는지 깊이 탐색하며, 소설, 논픽션, 학술서, 아동문학 등 다양한 장르를 넘나들며 왕성하게 집필하고 있다. 그는 2010년 단편소설 모음집 『통제하의 모든 것(Everything Under Control)』으로 데뷔했는데 "학문적이지만 시적이고, 예민하지만 인내심 있고, 창의적이지만 대단히 분석적이다!"라는 찬사를 받으며 본인만의 장르를 구축해 나가고 있다.

『우리의 사이와 차이』는 얀 그루에의 열한 번째 저서로 노르웨이 논픽션 부문으로는 최초로 북유럽이사회문학상에 노미네이트되며, 노르웨이 자전적 에세이의 새로운 지평을 열었다는 평을 받았다. 노르웨이의 최대 독자를 보유한 신문 《다그블라데(Dagbladet)》는 "자전적인 삶의 기록을 문학작품으로 승화시켰다"라며 극찬했다.

옮긴이 손화수

한국외국어대학교에서 영어를, 오스트리아 잘츠부르크 모차르테움 대학에서 피아노를 공부했다. 1998년 노르웨이로 이주한 후 크빈헤라드 코뮤네 예술학교에서 피아노를 가르쳤으며, 현재는 스타인셰르 코뮤네 예술학교에서 피아노를 가르치고 있다.

2002년부터 노르웨이 문학을 번역하기 시작했다. 2012년에는 노르웨이 번역인협회 회원(MNO)이 되었고 2012년과 2014년에 노르웨이문학번역원(NORLA)에서 수여하는 번역가상을 받았다. 2019년 한·노 수교 60주년을 즈음하여 노르웨이 왕실에서 수여하는 감사장을 받았고, 2021년에는 스타인셰르시에서 수여하는 노르웨이 예술인상을 수상했으며, 2021년과 2022년에는 노르웨이 예술위원회에서 수여하는 노르웨이 국가예술인 장학금을 받았다. 옮긴 책으로는 칼 오베 크나우스고르의 『나의 투쟁』 시리즈와 『가부장제 깨부수기』 『벌들의 역사』 『이케아 사장을 납치한 하롤드 영감』 『유년의 섬』 『잉그리 빈테르의 아주 멋진 불행』 『자연을 거슬러』 『초록을 품은 환경 교과서』 『나는 거부한다』 『사자를 닮은 소녀』 등 약 90여 권이 있다. 철 따라 찾아오는 노르웨이의 백야와 극야를 벗 삼아 책을 읽고 번역을 하고 있다.

추천·해제 김원영

대학에서 사회학과 법학을 공부했고, 로스쿨 졸업 후 국가인권위원회에서 일했다. 지금은 작가이자 배우, 변호사로 활동하고 있다. 지은 책으로 『실격당한 자들을 위한 변론』 『희망 대신 욕망』이 있으며, 공저로는 『오늘의 SF #1』 『사이보그가 되다』 등이 있다.

우리의 사이와 차이

1판 1쇄 인쇄 2022년 6월 20일
1판 1쇄 발행 2022년 7월 6일

지은이 얀 그루에
옮긴이 손화수
추천·해제 김원영
펴낸이 김영곤
펴낸곳 (주)북이십일 아르테

책임편집 김지영
편집 최윤지
디자인 전용완
기획위원 장미희
출판마케팅영업본부 본부장 민안기
마케팅 배상현 한경화 김신우 이보라
영업 이광호 최명열
해외기획 최연순 이윤경
제작 이영민 권경민

출판등록 2000년 5월 6일 제406-2003-061호
주소 (10881) 경기도 파주시 회동길 201(문발동)
대표전화 031-955-2100 팩스 031-955-2151 이메일 book21@book21.co.kr

ISBN 978-89-509-0298-8 (03300)

"이 놀라운 작품은 놓칠 수 없다!"
— 《퍼블리셔스 위클리(Publishers Weekly)》

"타인과 다른 신체라는 것이 어떤 것인지에 대해 서술한 우아한 명상이지만, 이 글은 나이 든다는 것, 부모가 된다는 것, 기억, 학계에서의 삶, 그리고 사랑에 관한 기록이다."
— 벌처(Vulture), 《뉴욕(New York Magazine)》

"인간의 본질에 대한 흡인력 있고 통찰력 있는 성찰!"
— 《커커스 리뷰(Kirkus Review)》

"노르웨이 비평문학상을 수상한 이 책은 조용하고도 멋진 회고록이다."
— 《인디펜던트(The Independent)》

"매우 절제된 문장은 눈부시게 지적이며 자기성찰적이다. '세상에서 나로 살아가는 일'이란 무엇인지 아름답게 묘사하고 있다. 한 문장도 덜어 낼 것 없이 모든 문장은 각자의 자리에서 역할을 다하고 있다. 영리하고 감동적이며 독창적이다! 낡은 언어와 익숙한 생각들을 닦아 내고 '세상을 되찾기 위해' 자신만의 '비밀의 역사'를 만들어 내는 고요한 묵상의 기록이다.
— 니치 게러드(Nicci Gerrard), 《가디언(The Guardian)》

"조용히 빛나는 책! 책을 쥔 두 손이 천천히 따뜻해지는…… 예술적 경험!"
— 드와이트 가너(Dwight Garner), 《뉴욕타임스(The New York Times)》

"매력적이고 파격적이고 강력하다! 그의 천재성은 정교하게 설계된 언어에서 드러난다!"
— 마이클 J. 폭스(Michael J. Fox), 《뉴욕타임스(The New York Times)》